読む書く話す聞く

大岡信

日本語の豊かな
使い手になるために

太郎次郎社エディタス

新版序文

大岡信

この『日本語の豊かな使い手になるために』の初版は一九八四年七月に刊行されました。現在から数えてもう十八年の歳月がたっています。その間、講談社の+α（プラスアルファ）文庫で装いを改めて刊行されたこともありましたが、それもいまは絶版となり、太郎次郎社で新たにまた新版として発刊されることになりました。

そんなかたちでふたたびお目見えするについては、この本に対する読者のご要望の高まりが近来強くなっているという有難い事情もあるほかに、日本語をあらためて考えなおそうという風潮、言いかえれば危機感が、このところ急激と言ってもいいほどの勢いで社会的に高まっていることも作用しているかと思われます。この本はそのような風潮に対するひとつの反応としてつくられたものではなく、そういう風潮がやがては生じるであろうことを、いわば予感しながらつくられたものだったように思います。そのことは冒頭に置かれている対談相手の伊東信夫さん、鈴木清隆さん、矢吹省司さん連名の「はじめに」をお読みくだされば おわかりの通りですから、私が事あらためて「ことばの危機」について申し述べる必要はないと思います。私が上記三氏と、七回、のべ三十数時間にわたって、本書にまとめられることになった対話を行なったこと自体、いま私たちが身を置いている「危機にあることば」の実際の状態を、いくつもの方角から掘り崩し、再検討し、対策を考えるという作業に熱中したことを意味しているからです。

その作業はおおむね手探りのかたちで始まり、徐々に全員の考えがなんらかの建設的な方向に向かって歩みはじめるというところまで進んで、一晩の作業が打ち切られる、という姿をとったように記憶しています。

私はこの当時、明治大学法学部一般教養担当の教授をつとめ、併せて同大学文学部大学院教授をも兼任していましたから、本郷の太郎次郎社に出かけるときは、杉並区にある明大・和泉校舎の授業または神田駿河台にある明大・本校校舎での授業をやってからであったことが多かったような気がします。思えばまだそんな無理も通せるほどには、私も若かったのだなあと一驚します。なにしろ三人の対話者たちが熱心でしたし、私もまた、頭をふりしぼってでも、まだ話すべきことはないだろうか、まだ珍しい話題、この場を活潑に盛り上げうる積極的話題はないだろうかと、緊張のなかでリラックスした空気を探し求める数時間のくり返しでした。

「おわりに」の冒頭でも書いたことですが、「もうこれ以上、話すことなんか何もありゃしませんよ。ぼくは空っぽになってしまいましたぜ」と思いながら太郎次郎社をあとにしたことは、いまに至るまで私のなかに鮮やかな記憶として刻まれています。

いま書いたことからも賢明な読者はおわかりのことですが、この本は、日本語、また「ことば」についての、ハウツー式知識や御明答をご披露しようとするものではありません。冒頭第I章のタイトルからして、その意図は明白だと思っています。すなわち、「ことばは知識ではなく、体験である」。

こういう出発点でしたから、第I章の中身が「ことばの社会性について」「『ことばを体験する』とは」「ことばが知識として定着するまで」という順序になるのは、まったく自然なことでした。それを受けて、第Ⅱ章は、「ことばの教育の基礎を考える」というタイトルになり、その中身は当然、「『話し・聞き』と『読み・書き』の違い」「豊かな人間関係とことばについて」となります。

以下、大きく分けて、第Ⅲ章に「ことばが誕生するとき」、第Ⅳ章に「ことばの音とリズムの世界」、第Ⅴ章に「書くことと創造力」と、「ことば」をめぐる人間の行為の発展が、しだいに同心円ふうにひろがってゆく様相がたどられていきます。

いまはもう細かいことまで覚えてはおりませんが、私の手探りの話が、いまたどったような順序をきちんと追って行なわれたとは思えません。第一、私たちの対話は、最初、太郎次郎社発行の月刊教育誌『ひと』に十一回にわたって連載されたのであり、その連載を編集部がまとめあげ、私が加筆・修正し、単行本にするにあたってさらに新しく原稿を加え、ふたたび全体を構成しなおし、さらにもういちど私が加筆・修正するという、じつに念の入った制作過程を踏んで、この『日本語の豊かな使い手になるために』という本が誕生したのです。

そして、これは鮮明に覚えているのですが、本の書名をどうするか決めるとき、私は「日本語の……使い手になるために」という大枠の文句が出てきたのち、点線の部分を考えあぐね、一、二日のあいだそこを空白にしたまま、とつおいつ思案したのでした。「上手な」とか「巧みな」とかの形容は、いわばすぐに思いつく言い方です。私は、そういう形容をまったく受け入れることができない人間としてこの本をつくったのだと思っておりますから、ここにどんな形容語をもってくるかは、重要でした。そして、ふと思い浮かんだのが、「豊かな」だったのです。それはつまらないことかもしれませんが、私には大事でした。

つまり、この場合の思案というのは、別の例をあげるなら、ある一篇の詩をつくって、一か所どうしてもぴったりくることばが見つからず、とつおいつ考えあぐねる場合と同じだったということです。「豊かな」という形容が浮かんだとき、私はこれでハウツー式の日本語の本ではないことを、はっきり示すことができると思って安心したのです。

読者のみなさんにそんなことを申しあげても、あまり意味のあることではないかもしれません。ただ私としては、この本を手にしてくださるかたがたに、本の成り立ちを一応知っていただくことも大切だと考えますので、こんなことまで書

きました。この本が新しい、本質的なことを考えようと思う読者たちに出会える
ことを念じながら。

二〇〇二年六月十九日

大岡　信

はじめに——この本を読まれる方へ

子どもたちを豊かなことばの世界に触れさせたい。これは、毎日、授業をしている私たち教師の切実な願いであり、また、お母さん方の願いでもあるでしょう。しかし、現実にはどうでしょうか。戦後の日本の教育は、「学力」という妖怪、「知識」という亡霊に追いかけられつづけてきました。国語教育もまた、そこから逃れることはできませんでした。辞書的な知識を断片的に覚えさせるテスト教育は、ことばについてイメージを描く力を奪ってしまっています。また一方、テレビ、マンガなどの、ことば以前に映像が優先する情報の氾濫は、子どもたちがことばを身につける仕方を決定的に変えてしまってはいないでしょうか。

その結果、現代の子どもたち・若者たちのなかには、自分の心の苦悩をことばにして言い表す術をもてないまま、社会のなかで孤立を強いられているものも多いのではないでしょうか。たとえば、日本語を読んだり書いたりすることをカッタルイと感じたり、自己を主張することばをもたなかったり、あるいは、相手の存在とは無関係にしゃべりつづけたり……。それは、〝ことばの危機〟といえるかもしれません。

人間はことばによって考える存在です。もし、ことばについてイメージを描く力を奪われるという〝ことばの危機〟が広範に浸透しているとすれば、それは人間の存在そのものの危機につながるでしょう。

では、具体的に「ことばの教育」をどのようにすすめたらよいのか。私たち現場で子どもたちに接しているものは、明確な方向を見つけられないまま、迷い、悩みながら、模索をつづけていました。

そんなとき、太郎次郎社からひとつの企画がもちあがりました。豊かな言語文化の再生をめざして活躍されている詩人の大岡信さんを囲んで、私たちが直面している「ことばの教育」の課題を中心に、いろいろな角度から「ことば」について考えてみよう、という企画でした。そうして約一年半、大岡さんの多忙なスケジュールの合間を縫うように、授業のなかでの悩みや問題を大岡さんにぶつけていくかたちで話しあいを重ねていきました。

あまりにもたくさんの問題、複雑な状況をまえにして、私たちの話しあいは、まったくの手さぐり状態ですすめられました。しかし、回を重ねるにしたがって、ことばの表現者としてきびしく生きている大岡さんの考えと、悩みながらも模索しつつあった私たちの実践の方向とが、多くの点で一致していることを発見し、私たちは勇気づけられました。難問うずまくことばの大海を、大岡さんに導かれながら航行した、その航跡を記録したのが本書です。

ことばをとおして想像力を解放することが困難になっている現在、私たちは「ことばの教育」をどのように改めたらよいのでしょうか。ことば遊びと言語教育の関係、ことばを音声化することの意味、書きことばと話しことばのつながり、ことばとイメージは本質的にどういう関係があるのか……など、ことばに対して心を閉ざした子どもたちを、ふたたび豊かなことばの世界に誘うための水路が、本書には語られています。

本書を読みおえたあと、子どもたちのことばに耳を傾けてみてください。豊かなことばを渇望している子どもたちの孤独な心の、声にならないことばが、きっと聞こえてくるはずです。

一九八四年六月

伊東信夫
鈴木清隆
矢吹省司

＊大岡さんを囲む会は七回、のべ三十数時間にわたって行なわれた。

聞き手は、伊東信夫—東京・東淵江小学校教諭（当時。現・国語教育実践研究家）、鈴木清隆—東京・八王子第六小学校教諭（当時。現・公立小学校校長）、矢吹省司—国学院大学・教育心理学助教授（当時。現・同大文学部教授）である。

目次

II

ことばの教育の基礎を考える……79

III

ことばが誕生するとき……117

IV

V

書くことと創造力……239

I

ことばは知識ではなく、体験である

1　ことばの社会性について

ことばと社会の構造との関係

●――「ことばの教育」についての個々の問題に入るまえに、私たちは「ことば」をどのようにとらえたらいいのか、その前提から考えていきたいと思います。

大岡――ぼくは、十年ほどまえ、雑誌『世界』の書評委員会で遠山啓《とおやまひらく》さん（数学者。雑誌『ひと』を創刊し、その編集代表であった。一九七九年、死去）とごいっしょさせていただいて、いろいろお話する機会がありました。遠山さんと話をして最初に「おもしろいことをおっしゃるなあ」と思ったことは、国語の授業のことでした。これについては遠山さんもお書きになっていることですが……。

九州の田舎で育った遠山さんは、学齢に達するまえによく小学校の教室にふらふらっともぐりこんで、ちょこんと座って授業を参観していた。先生も、近所のちびが入ってきたなという感じで、つまみださないでいたらしい。あるとき、漢字の授業をしていた。ある字を説明するのに、その字と同じ〝金へん〟の字を黒板にいっぱい書きだして、これらはすべて金属に関することばであり、逆に、金属に関することばの多くには「金」という字がつく、というような話をしていた。遠山さんはそれを眺めていて、金へんをつけることによって、それらがすべて同じ仲間に属していることがわかるようになっていることに強い印象を受けて、「字というものは不思議なものだなあ」と、文字に興味をもったとおっしゃったのです。

そのとき、ぼくは、「これはあたりまえのようなことだけれど、大切なことを言われているな」と思いました。もちろん、文字というものは〝へん〟だけでできているわけではなく、〝つくり〟の部分もあるし、音や意味の問題も抜きにはできない。しかし、そういうことではなく、文字というものが、ある部族、部族に分かれながら、それらが寄りあつまって大きな群れをなしている。それぞれが家族のようなつながりをなしている。そのことを、遠山さんはもぐりこんだ授業のなかで、直感的に把握したのだと思います。

そのことは数学者になった遠山さんの経歴と、ぼくは無関係ではないと思います。金へんの文字群を見つめているうちに、言ってみれば集合の概念の芽ばえのようなものを感じたのかもしれません。そういうことをおもしろいと感じる感受性は、数学のほうへいけば、当然、数学者としてやっていける能力になると思います。また、それは数学の力に限られたことではなく、国語教育としても重要なことではないでしょうか。そういう感受性を育てることが大切だと思うのです。

ぼくは、小学生の教育で、いちばんの基本として教育しなければならないのは国語であると主張しているのですが、その主張の理論的根拠はそこのところにあるのです。とくに低学年では、国語教育を基本においてやれば、社会科などは高学年になってからやれば十分だと思います。これには、家庭がしっかりしていればという前提がつくのですが、家庭において、子どもたちは学校で教わることの何十倍も、テレビや父母の会話、兄姉の授業の話などを通じて教わって、それが社会科の教育になる。もっとも、これは、実情を無視したぼくの個人的極論ですから、そのつもりで聞いていただきたいんですけれど……。

さて、話をもとに戻しますが、遠山さんの直感が数学に限らず、国語教育にも必要だということはなぜかということです。

算数というものは、あるものとあるものの共通点を集めてくることではないかと、ぼくは思います。分数にしても比例にしても、いくつか存在している数のなかにある共通項を引きだすことだと思う。それを直感的にあるいは論理的につかませることが算数教育の基本だと思うのです。つまり、それは広い意味で言うと、人間の関係とか、動物や植物や鉱物などのすべての社会的環境をふくめての〝世界〟の成り立ちを同時に示しています。世界が成立しているのは、まったく別べつのもののなかに共通の因子があり、その共通の因子が結ばれていき、組織化されているからでしょう。そのことが算数の構造のなかにあらわれているのです。

そして、それは言語の場合も同じで、言語もまた、社会構造のひな型であり、一字一字の文字も社会のひな型なのです。ですから、文字を身につけることが、文字の構造や体系を見いだすことによって、世界の成り立ちを身につけることにもなるのです。そういう教え方をすれば、子どもたちの教育の基本に国語教育をおくことの意味がわかっていただけるのではないでしょうか。遠山さんのおっしゃったことを敷衍《ふえん》していくと、そういう問題にまで行きつくと思います。

ことばをおいしく料理する

大岡――小学生に漢字を教える場合、いまのように学年別配当にしてバラバラに教えたら、子どもたちの頭のなかは組織化されません。少なくともぼくは、一年生何十字、二年生何十字、……というのをいくら眺めても、そこから共通の因子やひとつの原理というものを見いだすことができないんですよ。このことは別の機会にも指摘したことですが、たとえば、〝言べん〟の字。二年生で「話」、三年生で「記」「計」「語」を教わり、四年生になって「言」をはじめて習う。これはおかしいですね。なぜこういうふうに漢字を教えるのか、納得できる説明をできる方は、たぶん一人もいないと思います。なぜ「言」を最初に教えないのでしょうか。（現在、「言」「話」「記」「計」「語」はすべて二年生の配当漢字となった。「示」と〝しめすへん〟の漢字「祭」「社」「神」「福」などは、上述の指摘のような順序で教えられている。――編集部）

言語というものは、お互いに手足を伸ばして隣の仲間と手を結びあい、足を絡みあわせて「ことばの社会」をつくっているのだ――そういう考え方（哲学）が根本にない人が言語政策にたずさわっている。言語はお互いが切り離されてバラバラに存在しているわけではなく、構造や体系をもってひとつの社会をつくっているのです。それは社会のひな型でもある。そういうことが無視されている点が問題なんです。

ぼくは大学までずうっと旧制度の教育を受けた人間ですが、われわれのときには、かりに学校で教えてもらえなくとも、子どもが自分で興味をもって読めるような本が適度にあったような気がします。たとえば、アルスの「日本児童文庫」のある種の本をぼくは愛読しました。そのなかに子どものための百科事典のようなものがあって、運動選手の世界記録集だとか、世界でいちばん高い山から何十番めまでとか、文字の表とか、神武以来の天皇名とか、そういうものが並んでいた。これは雑学なのですが、雑学的なものは子どもには必要不可欠な養分です。雑学をやることによって、ぜんぜん違う分野に共通の問題があることに、子どもたちは気づく。

ぼくが子どものとき、言べんの字をずうっと書いてくれた先生はいなかったけれど、家にあった本や友だちから借りた本を読むうちに、そういうことにおのずから気づいていったような気がします。現在でもそういう本はたくさん出ていると思いますが、埋もれてしまっている。なぜ埋もれているのかというと、たぶん子どもがおもしろがって読めるように料理されていないのだろうと思います。材料としてはいいものがあるけれど、火が入っていなかったり、調味料で味がついていなかったりして料理としてできあがっていない。だから、食えといっても食えない状態なのでしょう。

子どもというのは、おいしく料理してあるものならば、無限に食欲をそそられて食いに食います。でも、どんないい材料でも、うまく料理されていなければ、子どもはつくり方を知りませんから、食えない。もちろん、なまで食ってこそおいしいものもありますが、いまは、なまの素材やいい調味料があっても、それぞれバラバラに食卓に置かれていて、子どもは料理人の来るのを待っている状態なのではないでしょうか。子どもたちは、目のまえにあるものが自分のいのちにとってどのように必要なものかよくわからないまま、ただやみくもに詰めこまれて食傷しているのです。

遠山さんと話したときに、ぼくはそういうことに共鳴しました。このことは遠山さんのその後の仕事の原点になっているのではないでしょうか。

楽しさから自分の世界を広げる

大岡——『にほんご』(福音館書店)をつくったのは、そういう状態にある子どもたちを見ていて、おれたちも何か言っておかなければいけない、という気持ちからでした。教科書づくりの話がもちこまれたとき、中心的な書き手になるのは谷川俊太郎と当初から予定されていたのですが、ぼくも参加することに賛同しました。谷川とぼくは、教育を受けた過程がずいぶん違う——彼は大学へ行くことをみずから拒否した男ですから——のですが、もう三十年からの親友で、いろいろ話をして意見が食い違う場合でも、よく理解しあえる友人だと思っています。

その谷川と「おれたち、もう五十歳近くになって子どももいる。いろいろ眺めてきたけれど、子どもたちの受けている教育をみていて、おれたちも何か言っておかなければいけないんじゃないかって気がする」と意見が一致して、福音館の松井直さんと画家の安野光雅《あんのみつまさ》さんの四人でつくりはじめたのです。子どもたちにおもしろく味わってもらえる本はどういうものか、まず、自分たちが子どもに読ませたいと思う内容を出しあって、そういう本をつくってみようじゃないか、というわけで、まず谷川が基本草案を書いて、それについてみんなで寄ってたかって直したり、つけ加えたりしていった。

ですから、小学校一年生に教えるなんてとんでもないと言われるような漢字も出てくるし、文語体も出てくる。でも、それを全部、受験勉強のようにして覚えてもらおうという気はぜんぜんない。そうではなく、それを体験してもらえればいい。言語というのは体験であって知識ではありません。まず体験してほしいということです。「おまえたち、うまいかどうか、ちょっと食ってみてくれよ。意味なんかどうでもいい、わからなくてもいいよ。食ってみて、もし舌ざわりがいいと感じたら、それは将来、きみがおいしく味わえるものになるよ」と。そういう気持ちでつくったわけです。

そのとき、基本として考えたのは、言語というものは単独で存在するものではなく、社会的な存在として相互につながって存在している、ということです。たとえば、ある少年、ある少女がしゃべっていることばは、その子だけに固有な言語ではないんだということを知らせたかった。

それで、どこから始めたらいいだろうかと考えて、「あいさつ」から始めることにした。「ぼくはだれだれです。きみはだれだれさんです」と。それはお互いに違う存在であるということを言っているわけですが、あいさつとしては共通のものです。さらに、あいさつのことばは日本語だけではなく、全世界にあいさつのことばがある。それぞれ違うことばのなかにあいさつという共通のものがある。そういう事実を知ってほしいと思ったのです。「こんにちは」を朝鮮語で「あんにょんはしむにか」ということをかならず覚える必要はない。もちろん、おもしろがって覚えたなら、それはそれでいい。

このように、多様な言語が世界にはあるけれど、どこにもみんなあいさつのことばがあって、「こんにちは」という意味をもっている。つまり、別べつのもののなかに共通の因子をもっている。そこから出発しようということで始めたわけです。これがないところで言語をいくら教えても、子どもたちはことばに興味をもてません。違いのあるもののなかに共通性を見つけだす楽しみ・おもしろさ、それを最初に教えてやれば、子どもたちは自分からいろいろなものを探りはじめ、そのなかにある共通なものを見つけだしていく。そして、自分の世界を広げていきます。

ところが、現在の社会状況はまさしくそうだと思いますが、違いがあるものについては、その違いだけをいっそう強調するようなものの考え方が強く存在している。たとえば、受験生同士が「おれとあいつは相いれない存在だ。どちらかが生き残るにはどちらかが消えねばならない」という前提で競争している。しかし、「おれはいま、こんな問題を抱えている。おまえはどうだ？」と、お互いに話しあうなかで「おまえとおれとは違うけれど、共通の世代の問題を抱えているんだな」ということを認めあって、はじめて社会というものが成立していくはずです。

いまの日本の状況では、根本的な意味で豊かな社会は成り立っていないと思います。言ってみれば、荒野のなかに一人ひとりが突っ立って吠えていることを強いられているというふうに思えます。ものがいくら豊かになっても、精神はますます孤独になっていっている。その悲劇のかなりの部分は家族の問題から出発しているように思いますが、その社会状況にみあうかたちで言語の状況も孤立的になっている。とくに子どもたちの教育の場でそれがひどい。そこで、言語というものが単独であるのではなく、社会的な存在としてつながっている、ということを基本においたのです。少なくとも、ぼくのなかには、『にほんご』をつくったときにこういう前提がありました。

詩歌の生まれる背景

現代の社会状況のなかで、一人ひとりが孤立しているというのは、深刻な問題だと思います。そして、言語というものは本来、社会的な存在として力があるものなのだということを前提にして考えてみても、現代では言語もまたその豊かな力を失っているという印象を受けます。たとえば、いまの教科書に載せられている詩歌など、それ自体としてすばらしい作品も少なくないのですが、私たちの現実をそれに照らしあわせた場合、やはりどの作品も孤立している。力を失っているという強い印象を受けます。天皇と乞食が同じ歌集に共存しえた万葉集の時代とは違って、現代では自立した者同士が、お互いの豊かな表現力とことばをもって、豊かな人間関係をつくりあげられる状況にない。しかし、そこをなんとか打ち破る方途はないものだろうかと考えているのです。「折々のうた」というのは、そうした状況を打ち破るための、新しい試みのように思えるのですが、いかがでしょう。

大岡——日本の詩歌の伝統的でたいへん大きな幹のひとつは、共同制作ということです。一人ひとりが自分の思いのたけをそれぞれに歌うのではなく、何人かが集まって共同の場で、共通の題目について歌うのです。ある場合には競争で戦わせ、ある場合には協力してつぎつぎに作品をつくっていく。

ところが、学校で教わる和歌とか俳諧とかは、その共同制作から生まれてきた、まあ、名作といわれるものを、ぽつりん、ぽつりんと出す。生徒のほうでは、名作だと先生が言うけれど、なんで「名月や池をめぐりて夜もすがら」がいいのかわからないのです。「古池や蛙《かわず》飛びこむ水の音」というのがなぜいいのか、そういう生徒の疑問に、なんと答えるのでしょうか。

じつは、この「古池や」の句も、ある種の集団的な共同制作に深いかかわりがあるのです。深川の芭蕉庵のかたわらにあった池が舞台です。

晩春、蛙が水に飛びこむ閑寂な音に聴きいっているうちに、「蛙飛びこむ水の音」という七五が芭蕉に浮かんだらしい。そのとき、かたわらに芭蕉門人中の代表格である榎本其角《きかく》がいて、上五には「山吹《やまぶき》」をあしらったらどうでしょうかと芭蕉に進言したというんですね。こういうことはよくあったらしい。連句の制作中にもだれかの句のなかに別のだれかのヒントによる語を挿入してしまうことはときどきありました。共同制作ということの意味がそこによく出ています。「蛙」に「山吹」をあしらうのは、古典的な意味ではよくわかる取り合わせなんです。

しかし、芭蕉先生はそれをあえて避けた。ここでは「古池や」と置くだけでいいんだ、この句の新しさはそこにある、と考えたんですね。もともと、蛙といえば古典詩歌ではもっぱら鳴き声を賞《め》でたものです。それを芭蕉は、ピョンと古池に「飛びこむ」姿でとらえた。長い詩歌の伝統のなかで、蛙が「鳴き声」でなく、「飛ぶ」姿でとらえられたのは、これがはじめてだったんです。しかもそれが、春深い日の静かな古池です。そこに詩の新しい感覚、境地があった。

で、この句はたちまち門人たちのあいだで愛誦されるようになり、おもしろい試みを誘いだしたんです。つまり、この句に触発されて、つぎつぎに蛙の句を彼らがつくった。それを古代からある「歌合」（うたあわせ）にならって、一句ずつ句をつがえていったんです。こうして「蛙合」（かわずあわせ）という作品集ができあがりました。一番から二十番まで、左と右に一句ずつ配して競い合わせるという趣向です。例をあげれば、

——一番　左

古池や蛙飛びこむ水のおと　芭蕉

右

いたいけに蝦《かはづ》つくばふ浮葉かな　仙化

門人・仙化の句はあきらかに、ピョンと池に飛びこんだ芭蕉の蛙が、浮かびあがってきて水草の葉にそっとうずくまっている姿を描いています。つまり、芭蕉の句を受けついで、さらに展開しようとしています。こういうかたちで、江戸の連衆《れんじゅ》だけでなく、はるばる京都の有力門人・去来にまで呼びかけて一句送らせています。これがなかなかいい句でした。

こんなわけで、芭蕉庵そのものは狭く小さい家であっても、彼の句の世界はたえず彼をとり囲んでいるさまざまな個性とのあいだで交響しあっていたわけですね。「古池や」の句はそういう精神の共同の世界のなかで、実質的に深められ、また押し広げられて、みんなの共有の句になっていった。したがって、単一の句であって、同時に複数の句でもあったのです。

ですから、これをただ有名な名句だからといって、ポンと子どもたちに与えてみても、実質を伝えたことにはならないんですね。句が生まれ、そして、育っていった環境というものが同時に伝えられなければ、本当の意味での理解はできないんじゃないかと思うんです。そういうことを専門の研究者たちが教えてくれる必要があるし、教科書制作者もそういうところまで掘り下げた教材をつくってくれるといいと思う。

「古池や」の句を単独で切り離して教えることは、まるまる無駄などとは言いませんが、子どもたちには正直言って、ちっともおもしろくないでしょう。しかし、句ができあがった過程やその後のふくらみ方まで教えられれば、これはたんにひとつの句の説明に終わるものではなく、日本の詩歌のある根本的な性格について知るきっかけにもなる。なぜこういう俳句が出てきたのかがわかるような客観的なお膳立てをして、生徒に出すべきだと思います。

そういう工夫をして生徒に出せば、まるで違った印象を与えるものはいっぱいあると思います。なにもそれらをたくさん出す必要はありませんが、例をあげて、日本の詩歌というのは、単独でだれだれさんの名歌がぽつんと出て、百年たって別の名歌がぽつんと出てきたのではなく、その名歌は、まわりにあるたくさんの人びとの作品とつながりあって歌の環境をつくりあげているのだ、ということを教えたほうがいいと思います。

個性の競いあいと調和

大岡——連句というのもまた、さきほどの個性と共同性という問題にひとつの視点を与えてくれます。

連句というのは一人でもできるのですが、理想的なのは三人ないし四人がいちばんいい。そういう人びとが集まって、だれかが五七五と発句をつくる。発句をつくる人は、その日、そこにいる人びとのなかでいちばん大事にされなきゃならないお客さま。それを受けて七七（脇の句）をつくる人は客を引き立てる役割、位置の人。発句をだしぬいてやろうというのではなく、発句を立てるために発句の脇に寄り添う人。したがって、お客さまを迎えるご主人が脇をつける。第三番めは、勢いよくスタート・ダッシュをかけないと全体がしゅうんと沈んでしまいますから、これも大事な立場です。

かりに三人でやるとすれば、発句をAさん、脇をBさん、第三番めがCさん、そして、第四番めはまたAさんに戻る。Aさんは最初に五七五をつくって、二回めは七七をつくることになります。三人でやるとちょうどうまいぐあいに巡っていく。

連句の前身である連歌が栄えた室町から江戸時代のころまでは、百韻といって、百句の連なりをつくることも多かったのですが、芭蕉時代には第三十六番までで切ることが多くなりました。六という数字は、なぜかわかりませんが、日本の詩歌では重んぜられた数で、六の六倍で三十六、そこで終わり。三十六歌撰もありますが、三十六という数字はなかなかおもしろい。しかもうまくできていて、第三十六番までやると、だいたいひとつの世界ができあがるのです。

芭蕉がなぜ偉かったのかといいますと、芭蕉が主宰してやった連句の催しの記録――「芭蕉七部集」をはじめたくさん残っていますが――を読むと、芭蕉一門の連句には勢いがあるのです。そして、お互いの個性がはっきりと出ている。弟子の凡兆《ぼんちょう》・丈艸《じょうそう》・去来その他大勢、それぞれの個性がじつにはっきりと出ている。にもかかわらず、彼らがお互いに協力しあってつくったものは渾然一体としている。つまり、個性が強ければ強いほど、普遍的な世界に入っていく力も強い、ということなのです。

連句というのは、五七五、七七とただつないでいってもおもしろくありません。まえの人と極端に離れるくらいのつもりでつくる。しかし、離れっきりではなく、離れていくことにおいてつながるということがいちばん大事なのです。それがないと、勢いがなくなってつまらないものになってしまいます。

ぼくは、十数年まえからときどき連句を試みました。ぼくにそれを教えてくれたのは詩人の安東次男さんでした。安東さんが『与謝蕪村』（筑摩書房）を出されて、そのお祝いをごく親しい連中でやろうということになった。そしたら、「酒を飲んだり、スピーチしてもらったりの普通の会ではつまらんから、どうせなら戦おう」と安東さんが言いだして、丸谷才一さんとぼくと、本をつくった筑摩書房の編集者で詩も書いている川口澄子さんが指名されて四人でつくることになった。四人ですから、一人九句つくればいい、簡単にできるだろうと思ったら、一日ではとっても終わらず、三〜四回集まって、のべ何十時間もかかりました。

なぜたいへんかというと、いろいろな約束事があるからです。「花」とか「月」とかいうことばを何回どこで使うべきかが決まっていたり、春の句と秋の句は何句つづけてつくらなければいけないとか、くり返しを嫌うとか……。その約束事は守らなければならない。もっとも経験でつくられたものですが、うまくできていて、それを守るとうまく決まるようにできている。ぼくは高等数学なんてやったことはないけれど、高等数学で苦しむというのはこういうことではないか、と思いました。

はじめの五〜六句ぐらいはまだいいんです。あるていど勝手にやっていられる。ところが、十数句めまできますと、まえに出てきたことと同じことを出せなくなってくる。連句というのは重なることを嫌います。つぎつぎに前へ前へと進んでいって、あとへ悔いを残さない、いさぎよい詩であるわけです。それで、必死になって長時間でも考える。ほかの人はまわりで楽しそうにお酒を飲みながら、おもしろい話をさかんにしている。こちらも興味をそそられて、つい話に加わっておしゃべりしながら、頭のなかではことばを一生懸命、捜している。一人でものを書いているときとは、おのずと違う状況に追いこまれるわけです。

そうやって緊張して、脂汗を流して、脳みそをふりしぼって苦しんでいると、「なにを！」と自分の内側から「これしかない」というものが湧きでてくる。それがさいわいにしてその場にあえば、これは強力な役割を果たすのです。つぎの人の句を引きずりだしてきて、いいものにする。いよいよという感じでふりしぼった個性の強い句が、つぎの人の個性を刺激していいものを引きだす。個性が強ければ強いほど、それが普遍的に他の人とのバランスをよくするということを、ぼくは体験で知ったわけです。

連句というのは、理屈からいけば、個性をできるだけ抑えてまえの句に「あわせる」ことに努力するのです。しかし、そのあわせ方のなかに、その人のもっている個性がはっきりと出てきてしまう。たとえば、丸谷さんは小説家ですから、小説家の個性がどうしても出てきてしまう。のちには石川淳さんとか俳人の加藤楸邨《しゅうそん》さんとかに加わってもらってたびたびやりましたが、石川さんには石川さん、加藤さんには加藤さんの動かしようのない個性がある。けれども、その個性を殺して全体の流れにあわせなければいけない。あわせるときに、ただ漫然とまえのものにあわせていたら、さきに進まなくなってしまいます。たいへんなエネルギーを使って個性的なあわせ方をしないと、つぎの人がそこから感興を刺激されて何かを引っぱりだせなくなってしまうのです。

そういう意味で、協力することは個性をいかに発揮しあうことであるかということを、ずいぶん教えられました。仲よくすればみなさん協力できる、という〝仲よくしましょう主義〟ではなくて、むしろ、ガツーンと個性や好みをぶつけあうことによって、いちばん深いところで仲よくなるというやり方です。共同性というのは個性を離れてはありえないのではないでしょうか。

内面を表現しあえる場

いまの個性と共同性のお話をうかがっていて、ぼくら教師がクラスで文集をつくるときにも似たようなことがあると思いました。たいへん個性的な作品がひとつ出てくると、全体が刺激されて、子どもたちがいきいきしてくる。定期的に平等に作品を載せるということは一見よさそうですが、そうではなくて、じつはいい作品をとりだして載せたほうが子どもたちにとっては刺激的なのです。

そして、いい作品が出てこないかぎりは、そのクラスの文章をつくる力が一歩も伸びなくなってしまうことがあります。先生が「文章はこういうふうに書くものですよ。はじめ・なか・おわりと分けて書きなさい。会話にはカギカッコをつけなさい」なんて、いくら口を酸っぱくして言ってもだめなのです。あるとき、個性のにじみ出てくるような文章がポーンと出てくることによって、みんなの文章をつくる力がぐいと伸びる。しばらく足踏みしていて、またいい作品が出て一歩すすむ。そういうように思うのですが。たいへん勉強の遅れていたヒロシという子が、突然、すごい日記を一週間ぐらい書いてきたことがありました。それが他の子どもたちを刺激して、生かしていくのです。ですから、配慮することは必要でしょうが、へんな平等主義がはびこると、命とりになることもあるのではないでしょうか。

大岡——それは、広い意味でさきほどの話と同じだと思います。たしかに、それぞれの人がみんな平等に楽しくやれればいいという気持ちはぼくにもありますし、教育の考え方としてそれは大切だと思います。しかし、それが形だけにとらわれると、かえって全体をつまらないものにしてしまう。ものを本当の意味で創りだしていく力——文章を書くこともそうですが、それだけではなく、何かをしでかすということすべてに共通して——をつけるためには、一人ひとりがお互いの違いをはっきり自覚して、むしろそれをきわだたせるくらいに個性的な主張ができる場が必要なのです。

だれかが個性的なことを言ったら、とたんに場の雰囲気がしらけてしまうというのが、いまの社会の大勢ではないでしょうか。それは、社会という場全体の大きな問題ではありますが、その場をつくっているのは、だれか特別な人間ではなく、一人ひとりがそうしているのだと思います。ですから、基本的には、場というものはどこかに存在するものではなく、一対一の人間がいて、「きみとおれとはここのところが違うけれど、こういう点で意見を戦わせると、自分が教わることが多い」とお互いに自覚しあって話を始めれば、そこに強力な場が出現するのだと思います。場というのはどこかにあるのではなく、人と人とが創りだすものですね。

そのことがあまりにも忘れられていて、たとえば、教育設備や制度がきちんとしていれば、それがすなわち教育の場ですという考え方がありすぎます。子どもたちは、いま自分たちが受けている教育——学校という建物から教科書や授業までふくめて——があまり頼りにならないということを、よく感じているのだと思います。そこになおかつ、「これはいいものだから、ちゃんと受けとれ」と押しつけられるから、最後に爆発してしまう、「そんなのはウソだ」と言って。もっと自分の内面にあるものをぶつけあえる場所を求めているのではないでしょうか。

「うたげ」と「孤心」

●——子どもたちが、各自の個性のままに自分の内面をお互いにぶつけあえる場を求めているということは、授業を通じて私たちがいつも強く感じていることです。そういう子どもたちの欲求に応えるひとつの方法として、連句の創作なども実際に授業で試みられています。連句とはいっても、細かいきまりなどは抜きにして、子どもたちの自由な想像力にまかせて、一種のことば遊びとして実践しているのですが、これについてはどうお考えでしょうか。

大岡——そういう試みはおもしろいと思います。とっぴな言い方かもしれませんが、それは一種の精神療法につながるのではないでしょうか。ぼくは去年、アメリカの詩人トマス・フィッツシモンズと、連句からヒントをえた「連詩」を英語でやりました（筑摩書房から英語原文と大岡信訳による日本語訳、および草稿・ノートをまとめて『揺れる鏡の夜明け』Rocking Mirror Daybreak として刊行された）。その詩人とは親しかったものですから、アメリカに行っていたとき、飯を食いながらおしゃべりをよくしました。彼は日本が好きで、日本にもたびたび来ているのですが、日本の文化の特質ということについて関心をもっている。それでよく話をしていました。

むこうも詩人ですから、現代の詩人たちはみんな孤立しているという話になった。それぞれが孤立している。とくにアメリカでは孤立感がたいへん深いようです。朝鮮戦争からベトナム戦争、あるいは大学紛争などの結果、いままで大義とされていた確固としたものがどんどん崩れていった。同時に、その大義を掲げて協力しあっていた人たちも、よるべなくなって、なし崩しにバラバラになってしまった。これは日本でも同じですが、アメリカの場合は国土が広いし、さまざまな人種がいるので、この問題はいっそう複雑です。

そういう話をしていて、いろいろな文化の話になって、ぼくが日本の詩歌のなかにある共同制作の伝統について話したのです。「みんなが共同でひとつの場を、自分たちの意志によってつくる。そこには約束事があり、その約束事をきちんと守るがゆえに、そこからはみだしてくる個性がひときわきわだつ。お互いに個性を競わせながら同時に調和しあってつくっていく。そういう詩歌の伝統があるんだ」と。そうしたら、彼がおおいに興味を示して、さっそくそれをやってみようということになった。

といっても、英語ですから、日本の連句と同じにはできません。ちょうど彼はぼくの詩集の英訳本をつくることにかかわっていたので、そのなかの詩のひとつをきっかけにできないかと言うのですね。じゃ、それでやろうかと始めてしまった。そして、二人の作をつなぎあわせるために、ぼくの詩の最後の一語、あるいは一行をとって、それを彼自身の詩の題にしてつぎの詩を書くようにした。そのときはほんのでき心で始めたのですが、やりとりが続くうち、彼が急にいきいきしてきて、「こんなおもしろいことははじめてだ。ある程度の数になるまで続けてみよう」と言う。

そうやってひと月ちょっとのあいだに、一人十編ずつ、計二十編の詩を書いた。ぼくの英語ですから、辞書を片手の幼稚きわまるものでしたが、便利なことにアメリカ人の詩人が相手ですから、彼が手を加えてくれて、きれいな英語に直してくれました。

さきほども言いましたが、連句は、お互いにゆずりあいながら和気あいあいとやるわけではない。それだけでは見苦しいものになってしまいます。和気あいあいとして戦うのです。ぼくは、日本独得の集団制作について、〈宴《うたげ》〉とキャッチフレーズ的に言い、宴のなかにありながら孤独な心を保っていることを〈孤心〉と名づけたのですが、宴のなかの孤心、孤心のなかにある宴というダイナミックな関係が、詩歌を中心にして、お茶・お花などの原理としても貫かれてきたと考えています。アメリカの創作詩の伝統のなかにはそういう形式の詩はどうやらなかったらしいので、彼にとっても、ぼくにとっても貴重な体験になりました。

開かれた対話が成立する条件

大岡――そのとき感じたのですが、一人で机のまえに座って詩を書いているときとは明らかに違う。もちろん、書くときは一人でぼく自身の詩を書くのですが、どこか基本的に違う。彼が投げてくる球をとにかく受けなければならない。そこまでは相手に強制されているのですから違うのは当然なのですが、書くときも違ってくる。それは、「おれの詩を相手はどういうふうに受けとめるのだろうか」と考えるからなんですね。

近代の詩人の考え方では、相手がどういうふうに受けとめるかなんてことを考えることはいわば不純であるとされる。詩というのはあくまでも個人の純粋無垢の思想・感情の表現であり、そんなことを考えるなんて不真面目だというのが正統な考え方とされてきた。ぼくも、長いあいだそう考えていました。

でも、何回かやりとりをくり返すうちに、相手の受けとめ方がわかってきて、今度はちょっとはぐらかしてやろうとか、これでは受けられないだろうから、リズムに工夫しておこうとか、細工をするようになるのです。そして、相手がそれをうれしがって受けとめてくれ、返ってきたものがぼくの予想を超えていると、いわく言いがたいうれしさがありました。彼もとてもおもしろがって「これは日本人の天才的な発明だな」と言うんですよ。「相手を立てながら、自分の個性を最大限に発揮しなければならない。相手を立てることと自我を強烈に主張することが両立している」と。そして、「自分たちのアメリカの詩についても、日本の詩についても、ひじょうにたくさんのことを知った。しかし、いちばん知ったのは、人間と人間が、友だち同士が、これほど深くつきあえることの喜びと驚きを知った」と言うのです。

一人で詩を書いていると、いい詩を書こうという欲が出てくるんですね。すると、どうしても百パーセント、その詩を完結させたくなる。ぎゅっと固くしまったものにしようと思うものだから、カチッと自分の内側に閉じこもるような詩を書いていた。ぼくの場合もある時期までその傾向が強かったし、まあ、たいていの現代詩人はそうだと思います。

それが、外国の詩人と接触したことによって、突如として変わった。対話の状態で書くということは、原理的にいえば、つねに相手に向かって開かれているということです。その詩のどこかに破れ目があって、相手に呼びかけている。自分は未完結だから、相手と応答することによって完結したい、と。相手がどのように受けとめるかは未知の条件ですが、わからないままに開いてしまう。それが、読者にとっても入っていきやすい雰囲気をつくっているのかもしれません。その第三者がおもしろいと思ってくれることで作品として完結する……。

このことはたんに現代詩人の問題ではなく、普遍的な意味をもっているように思います。子どもと先生の関係においても、そこに対話がなければ教育は成立しないのではないでしょうか。教室の子どもたちが先生の投げかけに反応しないとすれば、先生の投げたものがあまりにも完璧すぎて対話できないものなのかもしれませんね。思わずのぞきこみたくなるような破れ目があったほうが、対話が成立する可能性は大きい。ですから、連詩にかぎらず、このような試みが教室でやれれば、教室の雰囲気をも変えていくことになると思います。

2 「ことばを体験する」とは

ことばの体験から、ことばの知識へ

このごろ、まど・みちおさんの詩が教科書にも載るようになったのですが、まどさんの詩は子どもたちがとっても喜ぶのです。そして、まどさんの作品を子どもたちがどんどん発展させていってしまいます。たとえば、「漬物《つけもの》のおもし」というのがあって、「漬物のおもしは／あれは何してるんだ／……おじいのようで、おばあのようで……」と、「……のようで、……のようで」と綿々とつながっていって、「漬物のおもしは／あれはなんだ」で終わるのです。それを子どもたちとふくらませていくと、子どもたちはのりにのって、先生への悪態やテレビのコマーシャルやみんな出てきて、模造紙に書いていったら十五枚になってしまった。それを掛け図にしてめくりながら、自分たちでつくったのを読むと、何回、読んでもおもしろいのです。

それから、まどさんの「朝がくるととび起きて／ぼくが作ったのでもない／水道で顔をあらうと／ぼくが作ったのでもない……」という詩も、子どもたちとふくらませていくといくらでも続くわけです。また、香山美子さんの「それはぼく」というのもおもしろい。「足にはくものなあに／くつ／くつがふむものなあに／じめん／じめんにたっているものなあに／家」と続いていく。こういう、授業の雰囲気をおもしろくする材料がいっぱいあります。

ですから、本当の連句をやるというのは、ぼくらのような才能のない教師にはたいへんなことだと思いますが、亜流でもなんでも、おもしろいものを見つけだしてやっていいように思うのです。さきほどの話にもあったように、とにかく体験してみて、食べてみて、「ああ、おいしい」と実感できればいいのではないかと思っているのです。子どもがおいしいという表情を顔に表すかどうかを判断基準にしながら、ぼくら教師がやれることがあるように思うのですが、いかがでしょうか。

国語教育の現場には、さきほどの「言語は知識ではなく、体験である」という考え方とは反対に、ことばを知識として教えるという考え方が根強いのです。それはそれで大切なことですが、ことば遊びとか、子どもたちがいきいきする活動を教室に巻きおこすことは教育ではないとして認めない雰囲気が強いものですから……。

大岡――さきほどの連句の試みもそうですが、昔ながらの約束にとらわれておもしろさを消す必要はないと思います。子どもが喜んで食べられるような材料を料理してあげればいいのです。「おいしい、おいしい」と食べてくれればしめたものです。子どもたちが喜ぶおもしろい試みをやって、最初と最後をきちんとしめれば、体験はかならず知識になります。ただし、それを知識化するためには、あるていど体系化された方法がしっかりしていないとうまくいかないと思います。それがあれば、子どもたちはおもしろい活動を楽しみながら、そこに共通する因子を引きだしてきて、それを知識として身につけることができるだろうと思います。ゲームなどはそのひとつの方法でしょう。

そういう方法をつくりだすには、たくさんの教師が自分の体験を出しあって協力することが必要だと思います。「漬物のおもし」の例でも、「なになにのようで」とそろえていくだけでも知識が必要であり、頭を働かせなくてはならない。それが体験と重なっていますから、しっかりと子どもの身体に入っていくと思います。

ことばの力を弱めているもの

●――ところが、ぼくらのまわりの教師は、「なんでこういう詩を、いまごろ教科書に出すのか」と言う。なぜそう言うのかというと、「いまは漬物石なんかない。プラスチックのキュッキュッとまわすやつだ。いまの子どもたちに漬物石なんて言ってみても関係ない」というわけです。そういう角度から知識というものを考えているのですが、それは文部省から伝統的に流れてきている、体制側の主観を、教師が自分の主観であるがごとくふるまっているにすぎないんです。

それで、ぼくは、グラウンドからこんなでかーい石を拾ってきて、教室にどかりと置いておいた。子どもって、すぐ集まってきて「だれか持てるやついるか」とか言って力くらべを始めるわけです。ちょうどぼくの教室は職員室のすぐ上で、子どもたちが持ちあげてはドカッと落とす音が職員朝会のときドシーンと響いてきた。ほかの先生が「なんだ?」という顔でこちらを見るから、「あれは教材研究だ」って涼しい顔をしていました。教材を子どもたちが喜ぶかどうかというのは、お母さんが漬物石を使わなくなったから、この詩は意味がない、などということではないと思います。

大岡――それは文化というものを浅くとらえているからですね。目のまえにないかぎり、文化として味わえないというのは誤解です。

それで、いま思い出したのですが、息子が小学校六年生のとき使っていた教科書に、宮沢賢治の「虔十《けんじゅう》公園林」が載っていました。方言がすべて標準語に変えられていたのですが、たとえば、つぎのようなところです。

「おかあさん、すぎなえを七百本買っておくれ。」
けんじゅうの母は、くわを動かすのをやめて、じっとけんじゅうの顔を見て言いました。
「すぎなえ七百本だって！　どこへ植えるんだい。」

これは原作（新潮文庫『銀河鉄道の夜』による）ではこうなっています。

「お母《かあ》、おらさ杉苗七百本、買って呉《け》ろ。」
虔十のおっかさんは、きらきらの三本鍬を動かすのをやめて、じっと虔十の顔を見て言いました。
「杉苗七百ど、どこさ植ぇらい。」

「お母」を「おかあさん」に、「おっかさん」を「母」に呼びかえる必要がどこにあるのでしょうか。道徳的な偽善ですし、ことばの用法としてもまちがっています。学校・教室で使われるお行儀のいいことばと、日常のことばとの使い分けを強いることになる。そして、子どもたちの心に、ことばに対する警戒心・不信感を植えつけることになると思います。

ぼくは、方言をすべてそのまま教科書に載せるべきだとは言いません。東北のことばを沖縄の子が習っても、テレビなどに出てくるエセ方言になって、いわゆる標準語を習うより悪い結果をもたらすことがあるからです。いちばんいいのは、大幅に書きかえなければ使えない教材は、使わないほうがいいと思うのですが……。

それはそれとして、教科書の作品は、賢治の原作からずいぶんたくさんの行やことばを削ったものになっていました。そのなかで、私がとくに驚いたところがあります。〝漬物石〟の話と関連するので、少し長くなりますが、引用してみます。虔十というのはちょっと知恵の遅れた子で、その子が父親にねだって七百本の杉苗を植えて育てた杉林の下枝を払ったところに、兄さんがやってくる場面があります。教科書ではこうなっています。

「さあ、えだを集めよう。いいたきぎがたくさんできた。林もりっぱになったなあ。」

そこで、けんじゅうもやっと安心して、兄といっしょに、すぎの木の下にくぐって、落としたえだをすっかり集めました。

ところが、次の日、けんじゅうが納屋で仕事をしていると、林の方で、大さわぎをしている声が聞こえてきました。けんじゅうは、びっくりして行ってみました。

ところが、賢治の原作ではだいぶ長い。

「おう。枝集めべ、いい焚ぎものうんと出来だ。林も立派になったな。」

そこで虔十もやっと安心して、にいさんと一緒に杉の木の下にくぐって、落とした枝をすっかり集めました。

下草はみじかくて奇麗で、まるで仙人たちが碁《ご》でもうつ処のように見えました。

ところが次の日、虔十は納屋で虫食い大豆《まめ》を拾っていましたら、林の方でそれはそれは大さわぎが聞こえました。

あっちでもこっちでも、号令をかける声、ラッパのまね、足ぶみの音、それからまるでそこら中の鳥も飛びあがるような、どっと起こるわらい声、虔十はびっくりしてそっちへ行って見ました。

傍線を引いたところがすべて省略されています。この文章でいちばん印象的でおもしろいところはすべて省かれているのです。「まるで仙人たちが碁でもうつ処のように見えました」というのはすばらしい比喩です。下草が短くてきれいで、そこに仙人がふわっと座って碁でも打っている……すばらしい感覚だと思います。これを省いたら、小説のこの部分は死んでしまう。

この美しい表現をなぜ省いたのかなあと考えて、考えついた唯一のことは、「仙人なんて実在していないんだから、生徒に教えてはいかん」ということではなかろうか、と。また、ファンタジーとか荒唐《こうとう》無稽《むけい》なお話が教科書にはうんと少ない。それも、いまの漬物石の話と同じで、現実にないものだから認めないというのでしょうか。それは浅薄な現実密着主義で、ことばがもっている力をずいぶん狭めてしまうものです。ことばには、いまそこにないものでも、想像力を呼びおこして思い描かせる力があります。たとえ古い時代のものでも、そのことばがあれば、古い時代の人びとの生活がそこに存在する――描かれるのです。

だから、「納屋で虫食い大豆を拾っていましたら」という表現が、「納屋で仕事をしている」という表現に変えられているところも、「虫食い大豆」なんて子どもにわかるまいという配慮なのでしょうが、なんとも貧しい発想です。逆に、「虫食い大豆を拾う」と具体的に書いたほうが、虔十の生活の一場面が鮮明に浮かびあがってきます。具体的に描くということが映像をはっきり呼びおこすということを、子どもたちに教える必要があるのに、まるで反対のことをしているわけです。

「仕事」などという一般的なことばでは、なにも伝わらないに等しい。かりに、仙人が碁を打っている風景を、子どもたちがすぐに理解できなかったとしてもかまわない。子どもというのは、いずれわかるようになります。不思議だと思って、大きくなってからその意味がわかってもいいのではないでしょうか。少し歯ごたえのあることばを飲みこんで、まちがって使ったりしながら消化していくこともあるのです。

教科書をつくっている側、使っている側にそういう意識が欠落していると、画一的で硬直したことばを使う子どもたちをたくさん育てることになりかねないでしょう。

子どもたちの空想力とファンタジー

●――数年まえと比べて、子どもたちに物語を読んだり、文学の授業をしたりしても、子どもたちが自分の世界をなかなか見せてくれなくなった、という感じが強くします。子どもたちのものの見方・とらえ方には表面的なパターンができあがっていて、その被膜をはがさないと、子どものもっているおもしろさが出てこない。それはいつの時代にもあったことですが、以前と比べて被膜が厚くなって、ちょっとやそっとのことでははがれなくなってきた感じがします。

小学校四年を担任している先生からこんな話を聞きました。「ごんぎつね」を読みきかせていたら、ある子が「きつねは動物なのに、ことばをしゃべるのはおかしい」と言ったという。ぼくもそういう子に接することが多くなりましたが、その子たちは、それまでことばをカラカラの乾いた知識としてしか与えられてこなかったのではないか。知識という意味をとりちがえて、辞書的なことばの意味をそのまま飲みこませるような教育を受けたのではないか。そんなふうに思いました。そのために、子どものもっている空想力・想像力が枯渇してしまうのではないでしょうか。

ファンタジーとかナンセンス文とか、学校で扱われないもののなかにも、いまの子どもたちのことばを豊かにする可能性のあるものが多いと思うのですが、それはなかなか取り入れられません。学校で扱われている作品は、どちらかというと、現実に密着している自然主義的な作品が多い。子どもにはそういう面もありますが、空想を解き放してくれるような突拍子もない世界を喜ぶ側面ももっています。子どもは空想したり、ナンセンス文をつくったりするのが大好きです。テレビやマンガの世界にはそういうおもしろさがありますから、学校よりもテレビやマンガのほうがいいということになるのは当然かもしれません。学校のほうでも、テレビやマンガよりももっとおもしろい質の内容をつくりださないと、ぼくら教師は失業することにもなりかねない（笑い）。

大岡――このあいだ、偶然に文部省の役人をしている人と会いました。教科書に関連する仕事をしている人のようでしたが、こんな話を聞きました。

その人は各地の現場の先生方の集まりに出かけるので、国語教育について意見をたずねられることも多いらしいのですが、そのとき、自分の発言内容のほうが現場の先生方の意見よりもいわば軟弱派だと思うことがよくあるというのです。漢字の書き方ひとつでも現場の先生は「この字はかならずこう書かなくてはいけない」と、いわば教条的なとらえ方でひとつの答えだけを正しいとする傾向が強い。「いつも文部省が悪いと言われるけれど、自分個人としては、もっと柔軟であってもいいのではないかと感じることがよくあり、どうも割りきれないものがあります」と笑いながら言っていましたが、そういう雰囲気が現場には強いのかもしれませんね。

これは、ある問いに対してはある答えだけが正解で、ほかはすべてペケという考え方にも通じることで、ぼくはそれには強い疑問をもっています。答えが何通りかあったっていいじゃないか、ということは人生には多いので、教育についてだって、それはある程度ありうると思うのです。

でないと、子どもたちはお仕着せの答えをみないっせいに身につけて育っていくことになりはしないでしょうか。「自分で考えてみると、どうも答えは別のものになるのだけれど」ということを言える子どもが育たなくなるでしょう。それはたとえば、テレビ時代の文化のあり方とも関連して、重大な問題を暗示しています。

われわれはテレビを見るとき、チャンネルをガチャガチャ回していちおう主体的に選択しているわけですが、あらかじめつくられてブラウン管の向こう側から放出されてくるものを選択しているだけですから、その行為は全体としてはテレビに飲みこまれているといってもいいわけです。つまり、与えられた枠のなかでの二次的な選択です。

そういうふうにテレビを見て育った高校生・大学生たちが必需品のようにしているのは、いろいろな情報を満載しているタウン情報誌です。「きょうは新宿で何を見よう。あすは青山で何を食おう」と出かけていく。その行為自体はバラエティがあって、自分の意志でそのなかから選択しているわけですが、じつは、カタログが与えている範囲内で最新情報を確かめているにすぎない。大学生たちはあまりそのことを意識していないようです。主体的に選択して人生の豊かさを満喫していると思っている。

かつてはそんな便利なものはなかったから、自分で捜して歩いた。いまは、目標が決まっていて、あらかじめ与えられた地図にしたがって一直線に行けば、なんの障害もなく着ける。そこへ行くまでに街をうろつくとか、何かを選択するために困惑したり決心したりするということを味わえないわけです。

このことは現在の文化の大きな特徴だと思います。便利にしつらえられた自動販売機のように、お金を入れてボタンを押すと、ガチャンと必要な情報が手に入る仕組みになっている。タバコを買うのに自動販売機の内部構造は知らなくてもいいように、現在の文明は、技術の最先端の結論的な部分だけを供給する場合がきわめて多くなっています。それでいて享受者というか消費者は自分で選択をしたつもりになっているのです。一日二十四時間のうち、大人も子どもも相当な時間を受身の状態に置いていながら、本人の主観においては主体的な選択をしていると考えている――。これがここ二十年近くまえからわれわれの生活に生じた変化の大きな特徴だと思います。

そういう文化的環境から考えても、ファンタジーのようなものが子どもたちの心に届きにくくなっていくという傾向はますます深まるだろうと思います。それをうまく処理していけないとなると、われわれのもつことばはどんどん貧しくなっていくだろうと思います。

ことばの手ざわりを大切にする

「ことば遊び」をやっていくと、それに刺激されて、なにかの拍子に「あっ、この子はこんなものをもっていたのか」と驚かされることがあります。「変身あそび」と名づけた遊びなのですが、「だれだれが」「どこそこで」「なになにに変わった」という文章を子どもたちそれぞれにつくってもらう。それを三つに分けて、よく切りまぜて、無作意に組みあわせてナンセンス文をつくる遊びです。声を出して読みながら黒板に書いていきましたが、大爆笑の連続でした。そのなかのひとつを書きだしにして作文を書こうということになって子どもたちが選んだのが「赤ちゃんが老人ホームで風に変わった」でした。どの子も夢中になって書きはじめて、ふだん見せてくれないような世界を、文章のなかにくり広げてくれました。残酷な面もあれば、温かな面もある。

ですから、子どもたちの世界が見えない、見せてくれないというのは、こちらの接し方や方法がまずいからだろうと思います。いろいろな方法を考えて、固まっている子どもの内面を溶かしたり、揺すぶったりすると、子どもの生命がどっと流れだしてきて、びっくりさせられることが多い。その切り口をどう見つけるかが問題ではないでしょうか……。

大岡——子どものことばの問題を考えるとき、「いまのような教育をしているからだめなのだ。戦後教育の欠陥だ。修身の授業を復活させろ」といった切り込み方も一方からは出てくるでしょう。その人たちは〝意志〟をはっきりもっている人たちですから、放っておけば、じつに簡単にその仕事をやってしまうと思います。ところが、そうでない側は、いまの話にもありましたが、子どもたちの奥深くにあるものを、手さぐりで一つひとつ確かめるようにしながら、つかもうとしていく。簡単にはわからないけれど、手ざわりを大事にして、子どもが本来もっている力を発揮できるよう手伝ってやる。だからこそ、むずかしい歩みになるのだと思います。

いまの子どもたちのなかには、自分で自分をギュッと押さえこんで、内部にエネルギーのようなものを黙って溜めこんでいる状態にある子が、潜在的にはひじょうに多いのではないかと思います。溜めこんだものを一気に吐きだす快さを知らない。だから、感動することがない。あるいは、溜めこんだものを一気に吐きだすことなく、すこしずつ漏れるに任せている……。いったん、子どもたちの時間をせき止めて、ちょうど風船の口をぐっとつぼめて空気をうんと入れて、はちきれる寸前までがまんさせて、一気に放して、噴出させる。そういうせき止めと解放というダイナミックな作用を起こさせることが必要だと思います。

先生方は、それぞれの場所で一人ひとりが工夫してそういう仕事をしなければいけないから、それはたいへんなことです。そのやり方が強圧的であれば、生徒はパチッと自分を閉じてしまいます。そこで、遊びながら学ぶということが先決問題として重要になってきているのではないか、と思います。

ことばとの出会い

大岡――「ことばは知識ではなく体験である」というのは、ぼく自身の体験から考えていることです。

小さいころから、「これは大切なことだから覚えなさい」と人から言われると、かえって反発してしまった経験のほうが多い。ことばを身につけるときは、自分が使ってみて「あっ」と思うようなことを経験する。そういう積み重ねのうえに自分の言語生活ができているのです。もちろん、育ってくるあいだには、知らずしらずに膨大な量の知識を教えられてくるわけですから、それがぼくのなかに定着している部分もある。しかし、人間が何かを意識的に覚えることができるのは、ことばと出会ったとき、自分がそのことばに対してなんらかの引っかかりをもつからではないでしょうか。だから、与えられたものが知識として定着するのだと思います。

「体験する」という意味は、たんに外から入ってきたものに反応することではなく、自分がそれを好きだとか、やりたいとかの気分をもって経験することです。ことばが向こうからぶつかってきたとき、自分から積極的に反応してはじめて体験となる。そういう意味での体験を通すことが、ことばを知識として自分のものにしていくことの自然な行き方でしょう。

「これは大事な知識です。あなたがゆくゆく生活していくうえで、これを覚えておかないとたいへんな不便がありますよ」と言われたら、「そんなものはいらない。私は自分の欲するものを取りたいんだ」と反発することがありますね。ある意味では、そのほうが人間としては自然ではないでしょうか。そういうクッションを一段階へて、改めてそのとき言われたことの正しさに目覚めるなら、これは確実に知識になります。

いまの子どもたちがそのように言われたとき、どんな反応をするかわかりませんが、もし強い反発をしないとすれば、それは年長者に対して猫をかぶる術がうまくなっているからかもしれない。ことばを身につける基本的なところで子どもたちが大きく変容しているとは思われませんから……。子どもは気に入らないことを言われるとむっとしますが、それは健康な反応でしょう。まあ、相手をむっとさせて刺激して興味をもたせるというやり方もあるでしょうが、とにかく、子どもたちが心を積極的に働かせて参加するという方向にもっていかなければ、どんな知識でも本当の意味では身につかないと思います。

ことばに対する興味と抵抗感

●——いまの学校教育では、極端な場合、ことばの意味や漢字を知識として貯めこむことに力が注がれてしまう傾向があります。たとえば、授業では、教科書に出ている漢字の読みと書きとり、単語の意味調べをして、単元が終わると市販テストを使っておしまい。そんな例すらあります。漢字の読み書きや単語の意味を学ぶことは大切なことですが、そのようなやり方をしても子どもたちの身につきません。ここに、教科書に準拠したテスト・ブックを持ってきたのですが、これを見ると、漢字や意味だけではなく、文章の読みとりも「覚えなさい」と言っているようです。こういう内容です。

松谷みよ子さんの「指きり」という作品についてのテスト問題です。ちよという子が達夫と森のなかへ探検に行って山鳩の巣を見つけた。ちよと達夫は二人だけの秘密にして、一人では絶対に行かないと指きりをした。ところが、ちよはどうしても山鳩の子を見たくなって、約束を破って一人で森へ入っていく場面があります。

「あの時の指きりをやぶって、ちよは、一人で森へ行こうとしているのです。どうしても、山ばとが見たくなったのです。ちよは、思いきって森へ入りました。ガサッゴソッと、かれ葉が鳴ります」とあって、目のまえに毛虫が出てきたり、クモの巣があったり、やがて幻聴まで聞こえてくる。指きりを破ってまで行ったものですから……。

ここのところに設問があって、「ちよがちょっとこわくなったのはなぜですか」。教師用の指導書に書いてある答えは「ガサッゴソッとかれ葉が鳴ったから……」。ぎゃふんとしてしまいますね。子どもたちはこれを「アホウのしつもん」と言うのです。ぼくの授業では、まえに森を達夫と二人で探検したときのようすと、この場面のようすとを比べました。子どもたちは最初、枯れ葉を踏めば鳴るのはあたりまえだし、音が聞こえたらこわいだろうと思っている。ところが、比べてみると、まえに探検したときだって枯れ葉の音はしただろうし、毛虫もいただろう。それはなぜ書いていないのだろうと考えていくと、「あっ、探検しようとはりきっているときの気持ちと、約束を破って、一人で森のなかへ入った、うしろめたい気持ちとは違うから、ガサッゴソッという音が聞こえてきたのか」とわかって目が輝いてくる。そういう、いままで目に見えなかったことがだんだん見えてくるのが読みとりのおもしろさであって、さっきの問答のように、目に見えることだけをえんえんと追求しても、文章を読むおもしろさは伝わらないと思うのです。

大岡――目に見えることだけを追求するという態度の根本には、文章を正確に読むということは文章をなぞることだと考える考え方があるわけでしょうね。

いまは大学生になっていますが、ぼくの娘が小学校五年生だったときに、おもしろい経験をしました。じつはぼくのところでは、子どもの教育の基礎工事はほとんど妻がやってくれたのです。ぼく自身は「子どもというのは自然に育つもの」というずるい考え方をもっていたのですが、本当を言えば、子どもを育てるということは意識的な作業であって、その点に関しては、ぼくはずいぶんいいかげんだったところがありました。ただ、これだけは大事だと思って子どもにやらせていたのは、小学校に入ってから、長い文章を毎夏、書かせることと、日常的に本を声を出して読ませることでした。主たる監督者は女房でしたが、それだけはきびしくやらせていたようです。兄のほうはそのおかげで五〜六年生のころには四百字詰で六十〜七十枚くらいのものは書けるようになっていました。

娘は恥ずかしがり屋で、自意識過剰のようなところもあって、へたをすれば、学校で何日でもひと言も口をきかないでいるようなことにもなりかねない子でした。それを乗り越えたのは、ひとつには水泳を覚えたことと、仲よしの子が何人かいたこと、また、ひとつには文章を書かせたことで積極的になっていったことが大きかったと思います。絵を描くのが好きだったこともよかったと思います。

彼女は五年生のとき、空想物語を書くことを決めて書きはじめた。それが家族にわかってしまったのは、その物語のなかに自分がいままで使ったことのないことばを使いたくなって、その使い方が文脈にうまくはまっているかどうか確かめようと聞きにきたからです。ことばの意味ははっきりわからないけど、なんとなくおもしろく感じて、いつか自分で使ってみたいとあたためていたことばなんですね。彼女がぼくのところに見せにきたのは、こういう文章でした。

ある日の夕方花子がお花ばたけにいくと女の人がびしょうをうかべてたっていました。花子はぼうぜんとしてしまいました。女の人はふっときえてしまったのです。次の日も次の日も女の人

は花子よりさきにきていました。まるで花子をまつように……。

このなかの「びしょうをうかべて」と「ぼうぜんとして」が、彼女が使いたがっていたことばです。それらについて、「こういう使い方でいいのかな」とたずねてきたから、それがわかりました。そのときにこんなことを感じました。

子どもがことばを受け入れるとき、大半は親とか先生とか友だちとかのつきあいを通じて、するすると入ってしまう。テレビからも入ってくる。けれども、そのなかである種のことばに対しては意識的になります。自分がいまだかつて使ったことのないことばに出会った。そのとき、飲みこみにくくて抵抗感があるけれど、しかし、使ってみたい魅力をもったことばだと感じたら、意識的にそれを記憶する。それはたいてい子ども同士では使わない大人のことばですから、意識のうえでちょっと背のびしている。ちょうど、背のびをすると木の実に手が届くか届かないか……、やっと実がとれた！　そういう感じがほしかったのでしょう。

「びしょうをうかべて」「ぼうぜんとして」ということばに、彼女が中学生のときにはじめて出会ったとしたら、さして抵抗感なく入ってきたかもしれません。小学校四～五年生だったから、なんとなくもの珍しく、使ってみたいと引っかかったのだと思います。そして、背のびをして使ってみた。彼女の使い方は正しかったから、ぼくは「それでいいんだよ、おもしろいよ」と答えましたが、彼女は、表情にはっきり出しませんでしたが、喜びを感じたようです。もう一か所、「まるで花子をまつように……」というふうに、強調するために表現をわざと倒立させていますが、これもたぶんはじめて試みたものです。これを使うことは気分がよかったらしく、彼女はほかのところでも試みています。

このように見てくると、子どものことばに対する興味を刺激しようとするときに、子どもの年齢に比べて歯ごたえが少々ありすぎるかもしれないようなことばを与えることも、ひとつの方法になりうると思います。子どもたちはすっと入っていけないかもしれませんが、その抵抗感が魅力となって、多少の波乱ののちに、子どものなかに知識として蓄えられることになるでしょう。

子どもたちがことばを体験するとき

大岡——子どもというのは、そういうやり方で、一つひとつのことばとか文章のスタイルとかを発明していくと思います。発明といっても、昔からあるやり方を自分がまた新しく身につけただけの場合がほとんどでしょうが、子どもにとっては発明なのです。娘の場合、あの小さな文章を書くことで、三つ自分のものにしたわけです。これはぼくにとっても印象的なことでした。使ってみたいと思って彼女のなかに蓄えられていたエネルギーが、「その使い方でいいんだよ、おもしろいよ」と言われた瞬間、わあっと噴出して、彼女はことばを手に入れる。そういう経験をしていくことが、子どもとことばのつきあい方の基本になるだろうと思います。

たとえば、ぼくがいきなり、「ここのところは、〝まるで花子をまつように……〟を後にもってきたほうがいいよ」と言っても、それは子どもによって簡単には受け入れにくいこともあるでしょう。ことばについてのある知識が、すべての子どもに平等に適用できるかどうかは疑問なのです。そういう使い方をしてもおかしくないと感じる子もいれば、逆にバランスが崩れてしまうと思う子もいます。たしかに、ことばは知識として普遍的に、みんなに平等に与えられているはずです。ところが、それを採ってきて自分のものにするとき、どこをどのように採ってくるのかは子どもによって違うと思うのです。

あたかも「ことば」という大きな地模様があって、そのうえにさまざまな図柄がある。その図柄のどの部分に魅かれるかということは、子どもによって違う。別の比喩を用いれば、「ことば」はすべての人に平等に与えられた巨大な海のようなものです。しかし、その海のどこで泳ぐかということは、その子の個性だと思います。ある子は砂浜で、ある子は磯で、ある子は入り江で、ある子は沖合で……。違う興味や体験をもっている子どもたちに、「何月にはこの字やこのことばを覚えなければいけないよ」とお仕着せをしても、それだけではうまくいかない。

もちろん、文字やことばの意味を教えることは大切ですが、教えるときには、文字やことば一つひとつを立体感のある与え方をしたほうがいい。ぺろっとした平らな文字やことばが並んでいるだけでは、子どもは絶対に食いつかないと思うのです。ことばというものも、人間と同じような生きもので、肌と肌と接するとこんな感じがするとか、ぶつかるとおでこが痛いよとか、そういうことを感じるように教えないと、いつまでたっても、ことばの使い手としては一人前にならないのではないでしょうか。

3 ことばが知識として定着するまで

ことばを学ぶことが成立する条件

ぼくは漢字を教えるときに、できるだけ子どもたちが漢字と楽しく接したり、イメージできるようにと、たとえば、新出漢字が出てくると、子どもたちとなぞなぞをつくって楽しんだり、ゲームをしたりしています。ちょっと長くなりますが、いくつかの試みを話します。

漢字のなぞなぞづくりは、子どもたちにつくらせるのですが、こんなものができてきます。「水のなかで森永の宣伝をしているのはなあんだ」「泳」。「家のなかに水戸黄門のカクさんがいるよ」「客」。ウかんむりは家にあたるということは、日常のおしゃべりのなかでしているので、子どもたちは知っているわけです。「行ったり来たりするものはなあんだ」「列」。どうして「列」が行ったり来たりするのかというと、一《イッ》、夕《タ》、刂《リ》。というぐあいに、「列」の文字を分解しているのです。

世界の「界」は「田んぼから出てきた火星人」。世界の「世」のなぞなぞをつくったのは、ぜんそくで苦しんでいる子でした。ぼくは、この字はむずかしいから、子どもたちにはつくれまいと思っていたのです。ところが、ぜんそくで苦しんでいて、勉強が遅れがちだった子が、こういうユーモアと創造の力をもっていたのです。「七つのコップ」。うまいでしょう。

こういうことをやっていると教師のほうが楽しくなってきてしまいます。なんべんも書かせたり、テストをやったりして、覚えろ、覚えろと責めたてるのはこちらも苦痛ですから……。子どもたちも、一つひとつの文字に対してなにやら手ざわりを感じたり、おもしろいと思ったりしながら、漢字を身につけていっているのだと思います。子どもというのは、自分から積極的に考えはじめると、本当におもしろいことを考えだしますね。

漢字ゲームはこんなものをつくりました。仲間はずれをあてる遊びです。

半、用、元、田、立	有、油、夕、勇、遊
表①	表②
美、投、見、進、読	招、待、愛、燃、呼
表③	表④

表①は「元」が仲間はずれです。画数が五画のなかの四画ですから。表②は「油」が仲間はず

れ。ユウという音の仲間です。表③は「美」が仲間はずれ。動詞性の文字のなかの形容詞性の文字。これなどはかなり高度ですが、訓で読ませてヒントを与えます。表④は「燃」が仲間はずれ。他動詞性の文字——相手がいないと成り立たない文字のなかに自分だけで成り立つ文字がある。

仙台の東六郷小学校で行なった公開授業で、二年生とこの漢字ゲームをやったのですが、とてもおもしろいことがありました。何枚かカードをめくっていって、それぞれ仲間はずれをあてる。最初はとくに理由は聞きません。すると、子どものほうが理由を言いたがります。そのクラスにすごくユニークな子がいて、一年生のときに習った漢字がまだうまく読めない。ところが、その子がどんどんのってきて、めくり方が早いと「早すぎるよ」と文句をつけたりして積極的になってきた。それで、このカードが出てきたとき、「オレに理由を言わせろ」と言ってきかないんですよ。

夕、朝、月、晩、昼

「よし、やってみろ」と言うと、立ちあがったのはいいが、「時をあらわす文字のなかに月がある」なんてシャレたことは言えない。しばらくウンウン考えていて、「わかった! ごはんだッ」って。その子は自分の世界、自分の宇宙をつくりだしているわけです。彼はうれしがって、みんなと握

手したり、教室中が沸きかえりました。子どもの脳みそが動きだして燃焼するとすごいですね。とても大人はかなわない。ちゃんと働きかければ、子どもの頭というのは動きだす仕組みになっているのだなあ、と思います。

こういうことが子どもを賢くすることにつながっていくと思うのですが、「それは遊びであって、楽しいかもしれないが、文字やことばは身につかないのではないか」という意見が出てきます。そういう心配が出てくることはわかるのですが、実際は逆なのだということがなかなか伝わりません。こういう試みをしていくほうが知識としても確実に身についていくのです。ぼくの経験から言うと、たとえば、一年生を受けもったとき、象形文字をすべてゲームにして教えました。人体に関するものだったら、人間のからだの絵に福笑いのようにしてあてはめるゲームをつくる。そうやって身につけた漢字は読み書きがよくできましたが、学年別配当七十六文字のなかで、ゲームにしないで覚えさせたものは結局、定着しませんでした。その差は歴然としていました。

大岡――「学校」ということばの「学」は、「まなぶ、まねぶ、まねる」というところからきているようですが、英語の「スクール」というのはラテン語の「スコーラ」で、レジャーという意味がふくまれています。頭のなかに遊びの空間がなければ学ぶということは成り立たないという考え方は、古代の西欧文明以来、基本的なものになっていたのでしょう。あえて言ってしまえば、学問なんてそんなにすぐに現実の役にたつものではないと、最初から考えたほうがいいかもしれない。そうすることで逆に、これが豊かなかたちで役にたつことになるのではないでしょうか。

そういう意味では、一つひとつの知識をがっちり詰めこんでいけば、それがプラスの方向にすべて積みあがっていって、大きな知恵のお城ができるなどと思っていると、じつは砂上の楼閣である可能性が高い。子どもの頭のなかは、何かを貯めこむ金庫ではないのですから。むしろ、ひとつのことを教えたら、子どもの頭のなかでつぎつぎに核分裂を起こすようにして、いろいろな広がりをみせるかどうか。そういう活動を子どもの頭がするような教材を子どもに与えられるかどうかが決め手になるのではないでしょうか。その場合、子どもの頭が遊ぶことを知らないようなカタイものだったり、「くたびれたあ」といった状態だったとしたら、何を詰めこんでも子どもから積極的な反応は起きないでしょう。

表現する意欲と集中力を育てるために

大岡――人間の感受性――動物もそうでしょうが――は、いくつかのことを同じ瞬間に感ずることができる。たとえば、飯を食っているときは、味覚と同時に、音を聞いている聴覚や、茶わんやはしにさわっている触覚もあります。それらを総合して飯を食うという作業が成り立っているわけです。人間の感受性は、多様なものを同時にワーッと受け入れられるようになっている弾力性の強いものだと思います。それが人間の、受け入れる機能の特徴だといえるでしょう。

ところが、受け入れたものを外側に表現していくときには、人間の体内を通過することによって秩序あるものにする。たとえば、音楽だったら聴覚に集中させる。文学だったら触覚とか味覚とかの五感をひっくるめた意味での第六感で書いているようなところがあります。雑然として自分のなかに入ってきたことを統合して、それぞれの場に応じて、視覚的な要素を強めて表現するとか、聴覚的な要素にしぼりこんでいって鋭く集中させて表現するとか……。そういう作業を人間は一瞬、一瞬のうちに行なって、受け入れると同時に表現している。

さて、子どもの頭のなかで生じている現象を考えてみても、感受性は全開状態で開かれていて、受け入れ面でいえば、じつに雑然たる印象に違いない。そこで、それを集中させ、積極的に表現するほうへ転じさせる力をどうやってつくりだすかが必要になってくると思います。バラバラなものを身体のなかへ入れておいて、外側からただ「集中しろ」と言っても、そんな力はつきません。いままで自分のなかに雑然と横たわっていたバラバラなものが、外からの刺激で寄り集まって、そこに自分の主体的なエネルギーが加わって、はっきりとした形となって立ち現れる。そういう体験をさせることが、子どものなかに集中力を育てることになるのではないでしょうか。

いまの漢字ゲームは、子どもたちの頭のなかの、「感受性」と「集中力」の関わりあいのメカニズムをうまく刺激していく方法を開発したものだと思います。最初は「夕、朝、月、晩、昼」などの文字がバラバラに雑然と入ってくる。ところが、その子の内部で「ごはん」ということに思い至ったとき、すべてがつながって、統一されたひとつの知識となって表現された。この漢字ゲームなどには、子どもたちが表現する意欲をそそり、集中力をかきたてる要素があるのでしょう。

知識が創造的な力になるとき

大岡――別の言い方をすると、知識とは究極的に何かを生産する力だと思います。知識が頭のなかにバラバラに漂っていても、それだけでは何かを生産することはできない。なんの脈絡もなく教えられたものは、それぞれが孤独な状態のまま、頭のなかにぽつりん、ぽつりんと浮かんでいる。そして、やがては消えていってしまいます。そのバラバラなものを集中させて、まったく新しい境地や視界が開かれてくる経験をもてないとき、子どもはなんとなく力のない顔、心もとない顔になってしまうのではないでしょうか。

バラバラなものを集中させるというのは、いわば、河床のあちらこちらにある水たまりが、太陽にあてられ腐りかけ、死んだようになっている、そこへひとつの水路を通すことによって、すべての水が集まって、生き返ったように激しい流れをつくるようなものです。知識がその奔流《ほんりゅう》のように一定の水路にのって流れだしていくという体験のなかでこそ、知識は身についていくのだと思います。そのとき、知識はすごい力になるわけですね。

そういう教え方がたえずなされていれば、日本の子どもたちには知的なエネルギーがずいぶん蓄積されていくと思います。そのためには、先生方がそういう仕事をやろうという気分になる環境をつくることも必要でしょうね。でも、現にやっていらっしゃる先生がいるわけだから、そういう仕事をやろうという先生方は、これから増えてくるだろうと思います。あるいは、お母さん方がそんな試みをなさっても、子どもたちにとっては喜びになるのではないでしょうか。

精神が解放されるひとつの方法

●――いま、「ことばはこんなときに知識になり、知識は何かを生産する力になる」という話を聞きながら、ことばは個人だけでなく、集団を大きく変える力になることもあるのではないかと思いました。「ことば遊び」のひとつとして、こんな遊びをやったことがあります。「まわし物語」と名づけたのですが、まず、最初の子が登場人物や場所を設定し、物語の発端の部分を書く。それを班の別の子が引きとって、まえの部分につなげて物語を展開する。授業としてやったのではなく、六つの班をつくって、子どもたちに勝手にやらせました。

途中で放りなげてしまうかなと思っていたら、一週間ぐらいで完成させて持ってきました。それを見ると、ふだんあまり長い文章を書かないような子まで、ずいぶん長ながと書いてきました。いろいろな話がありました。まえの話の主人公を殺して自分が主人公になったりするような奇想天外なところもあれば、民話的な題材を設定して、その調子で最後まで続くところもある。すると、発表会のとき、「おまえのところはマジメすぎる。おれのところの物語のほうがおもしろい」などという批判が出てきたり……。そのときに、このことば遊びは、ふだんの、教師と生徒が質問して答えるという個別的な関係を超えて、お互いが他人のなかへ広がっていくような関係をつくる力をもっているのかなあ、と感じたのです。

大岡——ことばというものを意識するとき、ふだんは自分の使っていることば以外のことはあまり考えません。他人の言語生活まで考えなくとも、たいていは事が足りてしまうからです。ところが、集団のなかでことばを交換しあうと、いままで自分のまわりの小さな領域のなかで生活していたときには感じなかったことを感じさせられます。そこでは、自分自身の使い慣れていたことばとは違うことばを実感することがあります。それは、ほかのだれのことばでもない、その集団全員が創りだしていることばです。ことばの緊張した網の目が生まれていることを実感すると、自分がすうっと引きあげられた感じがしますよね。芭蕉の時代の連句ではそういう状況が生まれていましたが、「まわし物語」というのも、連句をつくっているのと似たような状況を生みだしているのかもしれません。

そういう場では、個人のもっていることばだけでは通用しなくなって、集団の言語というようなものができてきます。べつに特別な語彙《ごい》が出てくるのではなく、個人が普通にもっていることばなのですが、一種の電気が生じた感覚とともに、個人のふだんの言語認識とは違うものが全員に共有されてくる。自分のなかに閉ざされていた自我が、ほかの人たちと共有している別の言語世界に吸収され、解放されていくという感覚が生じるわけです。

そのことは、子どもの場合でも大人の場合でも、精神的な病の治療や、個人がバラバラに孤立化している時代に生きている現代人の精神を解放していく方法のひとつの試みにもつながるのではないかと思います。子どもたちが集団の「ことば遊び」のなかでいきいきしてきたというのは、自分のことばがほかの人たちと共有している言語世界に出入りして、それがお互いを開いているというれしさが生まれて、表情までいきいきしてくるのだろうと思います。このことは、二十世紀前半にヨーロッパでまき起こり、日本にも影響を与えた、シュールレアリスム（超現実主義）という文学・芸術の前衛運動とも関係してくるのです（二五六ページ参照）。

ことばを引き寄せる心の状態

●――ふだんの国語の授業の応答というのは、全体が高まっていくというふうにはあまりなりません。子どもがしらけてしまったときには、自分のことばだけが中空に虚《むな》しく響くというようなこともあります。それが、いろいろなゲームやことば遊びなどを通じて集団として盛りあがっていくと、ふだんの、教師と子どもとの一問一答式の国語の授業とは、まったく違う雰囲気の授業が出現して、ぼくはびっくりしてしまうのです。

大岡――ぼくは人間というものも、ある見方からすればほかの物質とそれほど違わないのではないか、という認識をもっています。たとえば、茶碗に水をいっぱいに入れると、表面張力で水が盛りあがります。上から手を近づけると、向こうから水がすっと吸いついてきますが、皮膚がカラカラに乾燥しているとうまくいきません。そういう比喩で言えば、子どもたちの心をみずみずしく保つか、それとも乾ききった状態にするかということは、心にことばが吸いついてくるかどうかの分かれ目になると思います。心というものを実体のあるものと想定すると、その周辺に、目には見えないけれど、潤いのある状態がつくられている。気持ちのゆとりがなくなって心が沈んでくると、その潤いがすうっと消えていく。楽しい気持ちになって心が高揚してくると、汗が出てくるのと同じように、心の周辺にも水気が出てくる。水気が出てくれれば、ほかのものとのあいだに張力が働いて、すっと吸いついていく。そういう感じがあります。

ぼくは「折々のうた」のような短い文章を書こうとするとき、身体の調子がよくないと、短い文章が重荷になってしまいます。どうしても文章がダラダラ長くなってしまう。短くシャキッと決めるためには、一語で十語ぐらいの働きをしてくれることばを見つけられることが決定的になってきます。ところが、全身の状態が沈んでくると、心の潤いもなくなり、張力も失ってきます。すると、ことばが乾いてコロンとした感じになって、一語でたくさんのことばを吸い寄せる力をもつことばを思いつかなくなってしまうのです。

ぼく自身の、そういう小さな経験から類推していくと、ある人がことばを受けとめて、それを自分のものにできるかどうかは、その人の心に潤いがあって、ことばに対する張力が強いかどうかが重要な点なんだと思います。同じことばであっても、それに吸い寄せられるかどうかは、そのときの心の状態によってずいぶん違う。ですから、できるだけ心を楽な状態におき、よけいな緊張から解放されていないと、ことばはその心に引き寄せられないでしょう。

「ことばは知識である」とだけ言うのは、いわば「同じことばは、つねに同じことばだ」という立場でしょうね。その立場に立って極端に言えば、辞書のなかにあることば、その定義が知識であると言ってもいいかもしれない。たしかに、いつ見ても同じではある。しかし、その辞書を丸暗記したからといって、ことばを使えるようにはなりません。まさかそんなことを考える人はいないでしょう。

ことばを辞書的な知識として身につけようとすれば、かえって心は潤いをなくし、張力を失って、ことばを引きつけられなくなります。ところが、同じ辞書のことばが、あるときたいへん魅力的なものに見え、想像力を刺激することがあります。そういう状態を子どもたちの頭のなかにつくりだせれば、ことばは体験として定着し、何かを生産する力をもった知識となると思います。

II

ことばの教育の基礎を考える

1 「話し・聞き」と「読み・書き」の違い

なぜ、「話し・聞き」中心にしたか

大岡さんたちがおつくりになった『にほんご』の「あとがき」のなかで、谷川俊太郎さんが、その編集の基本方針として、「『読み』『書く』ことよりも『話す』『聞く』ことを、先行させています」と書いておられます。

日本の国語教育というのは、戦後の一時期をのぞいて、戦前から一貫して「読み・書き・そろばん」というように、「読み・書き」が中心とされてきたように思います。戦後、はじめての学習指導要領によって、日本の国語教育は、「話し・聞き・読み・書き」という四領域が示されて、それまでの「読み・書き」中心から「話し・聞き」中心へと移行していきました。これは、四領域の言語活動をさせていけば、いつのまにか子どもは言語を身につける、というアメリカからもちこまれた新教育にもとづく経験主義の考え方によるものでした。ところが、戦後の新教育が日本の子どもたちに学力低下をもたらしたことから、国語教育の「話し・聞き」中心のあり方には批判が集中して、「読み・書き」重視に返せという主張が強まり、その後、その傾向にむかって国語教育はおしすすめられてきたように思われます。

しかし、そのころの「話し・聞き」中心の内容というのは、文部省筋の指導では、人間の言語活動を調査した結果によれば、四領域のなかでも「話し・聞き」が圧倒的に多くて、読むことはごく小部分であり、書くことなどはもっと小部分である、だから、「話し・聞き」が大事にされなければならない、ということでした。しかも、「話し・聞き」の指導内容は、お話の仕方・聞き方という次元の問題に矮小化されて、「聞き手のほうに向いて話しましょう」とか、「ひとの話によく耳を傾けましょう」とか、話し方・聞き方のハウツーの指導にすりかえられてしまいました。

ですから、大岡さんたちの『にほんご』の「話し・聞き」を先行させるという立場とは質的に異なっていると思うのですが……。ことばが「話し・聞き」を中心にして平等な人間の関係を形づくったり、ことばの音声やリズムによってことばの豊かな力を感じとったりする、という考え方が、これまでの「話し・聞き」中心の、あるいは、「読み・書き」中心の国語教育では十分に意識化されていなかったのではないかと思われます。

それにしても、戦後の国語教育の「話し・聞き」中心と、『にほんご』の「話し・聞き」重視とは、どう違うのかをはっきりさせたいと思います。

大岡――『にほんご』という教科書まがいの本を、ぼくをふくめて四人でつくりましたが、四人のあいだで問題なく承認されていたことのひとつは、「話し・聞き」ということは社会的な行為であること、そしてまた、それと同じ比重において子ども一人ひとりの個体がもっている個性の問題であるということです。

ぼくらが「話し・聞き」を重視したのは、子どもがたんに親とか先生とかから「教わる」ことによって成長する存在であるという考え方をとらなかったからです。むしろ子どもも社会を構成する一員であると考えるところから出発しています。そこには、この社会のなかに自分自身を位置づけるという問題が最初に子どもに課せられている、という前提があるわけです。

その前提にたてば、「私はだれだれです」という名のりがなければならない。そして、それを受けて、ほかの人の「あなたはだれだれさんです」という確認がなければいけないわけです。そこに生じるのは人間対人間の関係であって、これは、大人の場合も子どもの場合も変わらない。『にほんご』は、そこから出発しています。

ところが、「読み・書き」と同じ次元で「話し・聞き」を考えてしまうとどうなるか。「読み・書き」というのは、基本的に先生や親から教わらなければ絶対にできないもので、それに準じて「話し・聞き」ということを考えれば、当然、「話し・聞き」も教わらなければできないもの、ということになると思うんです。

しかし、子どもは生まれ落ちたときから、聞き方は人に教わらず、いわば自分であみだしているわけです。両親やきょうだい、おじいちゃん・おばあちゃんたちとの接触から、家庭のなかで自然に自分で体得していきますね。つまり、聞くことに関しては、子どもは生まれ落ちた瞬間から、強固な自己教育をやってきているのです。話し方についても、はじめは口写しですが、自分の話し方を身につけていく。親から、いわゆる正しいことばづかいを教わる以前でも、早いうちから不思議な話し方でさえ話そうとします。「こういう言い方をしなければいけませんよ」とか、「こういう聞き方をしなければいけませんよ」とかいうだけの接し方では、基本のところで子どもの言語習得のもっとも大事な根っこに触れることができないと思います。

ですから、われわれが『にほんご』を発想するときに考えたのは、子どもは一人ひとり単独で世界に存在しているが、他者とのつながりが上下の関係においてあるという考え方は、はじめからとらないということだったわけです。むしろ、一人ひとりの関係を横のつながりにおいてつかませようとしている。つまり、子どもを社会的な網の目のなかにおいて考えようとしているわけです。

それは、ぼくらにとってはまったくあたりまえであって、あまりにも自然なことだったので、ことばにしては確認していないのです。「私はだれだれです」というあいさつから出発するというのは自然な成りゆきでした。それで、出版されてから、こういうかたちで教科書が構想されるということに驚いた、という好意的なご意見をいただいて、逆にぼくらがびっくりしてしまった。それで、いまの国語の教科書が、ぼくらが思っていることと違うのだということを、改めて知らされました。

ことばは「関係」のなかで身につく

――『にほんご』の「あとがき」で、「『読み・書き』を先行させるとき、就学年齢の子どもたちの言語能力は、白紙状態にあると考えがちですが、現実には文字を読めず、書けぬ子どもたちも、すでに複雑な言語経験を血肉化していると言われています。さらに言語の基本である『話し・聞く』行為を重視するとき、未整理のままの、あるいはすでに偏見にとらえられている子どもたちの言語世界に、ひとつの秩序を発見させ、ことばとは何かを自覚させることが必要になってくるでしょう」と言われています。そしてさらに、「言語を知識としてというよりも、自分と他人との間の関係をつくる行動のひとつとして、まずとらえています」とも述べられています。

このことに関連して、最近ぼくが、ほとんどことばを話さない三歳の男子の教育相談にかかわった経験をお話ししたいと思います。その子は三歳ですが、ご飯を食べるのに噛《か》めないのです。噛めないで、ご飯の粒を口のなかにふくみまして、アメ玉をしゃぶるようにして食べるのです。口のなかで三十分ぐらいもぐもぐしていますと、ご飯が唾液と入りまじって、飲みこめる状態になるわけです。それで、ご飯を食べるのに三時間ぐらいかかってしまうのです。これは、ものを食べるというよりは、明らかにおっぱいを飲む行為だと思うのです。

それで、聞いてみますと、この子は二歳ぐらいまでお母さんといっしょに過ごすことがなかった。お母さんは水商売で、基地をまわっていて混血の子を生んだのですが、この子は母親との接触がほとんどなくて、ベビー・ホテルなどで育てられてきた。それで、最近、母親が結婚して、この子をかわいがってくれるお父さんができたのです。ところが、この子はことばが話せませんし、ことば以前に、おっぱいを飲むことにこだわりまして、ろくにご飯も食べられないということです。

ですからこの子は、「読み・書き」どころではなくて、「話し・聞き」段階ができていません。それ以前に、それらの土台である母親との関係ができていないのです。それで、ぼくがすすめたことは、その子を抱っこして、乳首のついたびんでミルクを飲ませたらどうか、ということです。この子はそれをすごく喜びました。抱っこしておっぱいを飲ませるには大きすぎるけれども……。

そんなことをしてもらったのですが、やがてこの子は〝噛む〟ことを覚えました。〝噛む〟ことを覚えたら、こんどは自然にことばが出てくるのです。

このように、子どもがことばを身につけていく過程をみていますと、むしろ、その基礎の〝関係〟が大事なのです。お母さんと子どもとの関係が形成されなければ、ことばは形成されないのです。その意味では、最近では三歳ぐらいから読ませたり書かせたりしていますが、それ以前に、話したり聞いたりという体験や、そういう人間関係がひじょうに貧しいことになってしまっています。

『にほんご』で重視している視点というのは、ことばが成立する観点から出発して、一般に高度といわれるところに進展していっていると思うのですが……。

大岡――『にほんご』の教科書の前半は、まったくその観点だけだと言ってもいいと思います。「私はだれだれです」というあいさつから始まって、自分自身から他人がどう見えているかだけではなくて、他人から自分を見た場合にはどうであるか、同じ「だれだれ君」であっても、おばあさんから見れば孫であったり、先生からすれば生徒であったり、お医者さんから見れば患者であったりする。そういうことをとらえさせる。

それは、自分が単独で、他人からどう見られているかという自意識がない状態で、ただことばを発する個体としてあるのではなくて、他者とのかかわりあいにおいて自分もある。だから言語も、自分をいう主語でさえも、他者とのかかわりあいにおいて変わるのだ、ということを最初に知らせることが、ひじょうに大事だと思うのです。

いまの社会の状態からして、この問題は小学校の低学年だけではなく、高学年になっても、高校生や大学生にとっても重要であると思います。自分自身がどのように他者とかかわっており、またかかわるべきか、ということが理解できていない大学生もかなり多いからです。自分で主体的にそれを引き受けるのではなく、だれかがお膳立てしてくれるのを待っているような精神状態の子どもや青年が、かなりのパーセンテージでいると思うのです。結局それは、自分が人間の関係の網の目のなかにいるということがよくわかっていないからでしょうね。

この『にほんご』という教科書試案のいちばん基本的なモチーフというのは、つきつめて言えばそのことです。つまり、人間という個体は関係のなかでしか個体でない、ということに中心があるのです。

『にほんご』では世界の地図を示して、「こんにちは」ということばを朝鮮語や中国語や、いろいろな国のことばで書きこんであります。たとえば、「あんにょんはしむにか」とか「にーはお」とか……。ぼくらが意図したのは、いろんな国にいろんなことばがあって、そこでは「おはよう」とか「こんにちは」とかに対応する、ぜんぜん別な言い方があるということを子どもたちに知らせたかったのです。子どもたちの認識に、小さなショックを与えるだけでもいいと思ったんです。

つまり、この地球上にたくさんの国があるなかに、日本という島国もある。その島国の何という都市の、何という町の、何番地の、どこの家に自分はいるということを自覚させることが、教育の基本のひとつだと思うのです。そういう考え方からできています。

「孤独」が象徴する青少年の心

●──戦前から日本の国語教育での「読み・書き」重視というのは、それによって一定のイデオロギーを注入するための手段になっていたのではないかと思うのです。ぼくは、「サイタ　サイタ　サクラガ　サイタ」「ススメ　ススメ　ヘイタイ　ススメ」という教科書で教育されたのですが、それをぜんぶ暗唱して、ことばを身体になすりこむように教えこまれた。ことばとともに、軍国主義の思想をなすりこまれたと思うのです。ですから、戦争直後の「話し・聞き」の重視は、戦前の国語教育を逆転させようということから出発したのであったと思います。しかし、それは定着しないで、このごろではやはり、「読み・書き」の重視がそうとう強調されてきていると思いますが……。

大岡——それは受験競争に関係しているわけですか？　ことばの問題というのは、言語そのものの本質からくるのですが、言語は個体に属するものであると同時に、普遍的なものであるという二つの面があって、そこにいまのような問題もかかわりますね。言語教育は個性を豊かに育てうるものであると同時に、まったく同じ言語教育が、集団的にある原理を押しつけるということにもなりうるわけであって、それは、結局、全体的な力関係にかかわってきます。

受験地獄が全国的に広がり、あたりまえのこととして受け入れられてしまっている状況のもとでは、試験のかたちも高校入試・大学入試から入社試験さえ、何から何までペーパーテスト第一主義になります。ペーパーに書きこむ答えが正解か不正解かでその人の運命が決まってしまうような社会においては、やむをえず「読み・書き」重視のほうにいかざるをえないでしょう。それで、国語教育の全体がひじょうな歪みを受けてしまっている。生徒のほうでもやる気がない、先生のほうにも熱意がない、そういうところに追いこまれているのだと思うのです。

それについて思い出したのですが、こんなことがありました。都立のある高校で国語の指導をしている女の先生から分厚い封筒が届きました。開けてみましたら、高校二年の教科書に載っている、ぼくの「詩の読み方」という文章を教えたあとでクラスの生徒たちに書かせた文章のコピーだったのです。最初は二〜三時間で教えるつもりだったのが、一学期のほとんどをぼくの文章に費やした。最後の期末テストで、ぼくの文章のなかに扱われている題目をいくつかとりだして、その題目のどれかについて、「四百字以内で自分の体験をとおして感想を書きなさい」という問題を出した。それらの作文のなかの二十編ほどを送ってくれたのです。

その先生の手紙によると、その学校はいわゆる「落ちこぼれ」の子がかなり入ってきている学校で、生徒自身も、どうせ自分たちはダメなのだと思っている子が多い。それで無気力になっている。それに対して先生は、なんとか子どもたちに自信をもたせたいと思って、教科書のぼくの文章をていねいに細かく読ませることをとおして、子どもたちに何かを得させたような気がするというのです。

感想文の題目は、「孤独について」とか、「限りあるものと限りないものについて」とか、あるいは「自分がいままで読んだ詩のなかで、心に残っている詩があれば、それについて書け」とか、そういうものだったのです。ところが、見てみますと、「孤独について」というのが圧倒的に多いのです。その「孤独について」で書いていることは、それぞれが自分の体験で、あるときに自分はこういう経験をした、そのとき人間というものは孤独だと思った、そして、はじめて友だちとか親子とかの関係を見直した、というような趣旨のものが多かったようです。それらの文章は、誤字や脱字もあったりするけれども、一人ひとり真剣に書いている迫力がありました。

それで、こんど子どもたちが卒業するので、最後に全校で文集を編むのに、そのときの子どもたちの文章を数十編載せたい、ついては二～三行でもよいから作者の感想をほしいと言われたのです。それで、ぼくは返事を書いているうちに、ずいぶん長いものになってしまいました。

それにしても、感想文の題目のなかで「孤独」にいちばん反応が多いということは、現代の日本について考える場合、象徴的だと思いますね。日本の青年は、とくに男の場合、高校生もそうですし、大学生もそうですが、精神的には〝陰鬱〟な状態というのが基本的なトーン（色あい）だと思います。

たとえば、自分の家庭での人間関係において、父母の期待にそむくことになりそうな自分に対する呵責《かしゃく》の念であるとか、反転して、そのように期待してくる大人への反発とか、友人たちのあいだでワイワイ言っていながら満たされないものがあるとか、そういう感じをみんながもっています。こういう精神状態と、一日一日、なんとか切り抜けていければいい、べつに社会的野心もないし、他人と違ったことをやろうなんて気も起こさないという、一種の刹那主義・享楽主義とは、たぶん表裏一体だろうと思います。これは、現代の日本の精神状態をよく象徴しているように思うのです。

これは基本的には、明治以後ずっとそうだったんじゃないでしょうか。ラフカディオ・ハーンが『東の国から』という本のなかでこんなことを指摘していますよ。彼が九州の旧制高校で先生をしていたとき、授業のあとで生徒たちと雑談をした。すると、クラスでもいちばん陽気で才気ある学生が突如言いだしたのは、「人生なんて、ほんとうにつまらない。こんなに一生懸命に勉強しても、どうせ人の一生は望みを満たすこともできなくて、みんなさびしく死んでいくんだ。死ねば骨になって、あとは何も残らない。なんであくせく無目的に生きねばならないのだろう」ということです。

宮川　はクラスのうちでもいちばん愉快な、才気煥発な生徒であったが、その陽気な性格の彼がこういう言葉を吐いたという、その取りあわせが、わたしにはほとんど驚異におもわれた。が、こうした、ひらめくように浮かんでくる暗い思想は、ことに、明治以後の若い東洋人の心にはときどきあらわれる。それは夏の雲の影のように消えやすいものであって、西洋の青年のばあいのような、深い意味はもっていない。それに、日本人はふだんから、思想や感情で生きているのではなくて、義務によって生きている。それにしても、そういう思想にしじゅうつきまとわれるこ

とは、あまり奨励すべきことではない。（岩波文庫・平井呈一訳）

ハーンは、明治政府が発足してから、国家に対する忠誠とか、国家に対する義務感とかを強烈に要請され、たえず教えこまれた結果、日本の青年は自分の個人的な精神のよりどころを内面にもつことがむずかしくなり、安らぎの占める部分が少なくなってきているのではないか、それである種の暗い人生観ができてくるのではないか、と考えたと思います。これは現在の状況を考えるうえでも、あいかわらず意味深い指摘じゃないでしょうか。

いまは、受験があたかも義務として押しつけられているという状態があります。まっさきに自分が受験に積極的な意欲をもっているはずなんだけれども、それを上回って、周囲からの圧力として受験というものがある。それあるがゆえに、子どもはなかば恒常的に疲労している。孤独だと感じている。

ぼくは、ことばの教育の場合にも、それが関わりをもってくるのではないかと思うのです。たんに、「これは正しい言い方だから、よく覚えるんですよ」と言っても、子どもにとってそれは、もうひとつの義務の押しつけにすぎないことにもなる。自発的に言語を行使できるようにするにはどうしたらいいかということになれば、上から下へという関係をいったんはずしてしまわないと、どうにも動きがとれないのではないかと思うのです。上から下へという関係だけでは、子どもたちはことばに対する弾みのある反応、喜びを感じとれないでしょう。

さきほどの高校の先生がやったことなどは、ひとつの学校の小さな出来事ですが、その先生に教わった子どもたちには、かならずしも小さなことではないと思うんですよ。最終的には人間対人間のことです。教師対生徒たちの関係というのは、とても流動的で、場合によっては爆発的なエネルギーも出すし、場合によっては、同じ材料を使いながら、ほんとに死んでしまったような、さらには憎悪の関係をも生みだすことにもなる。ことばという材料を生かすのは、人間と人間との創意に満ちた関係にあると思うのです。

「話し・聞き」と「読み・書き」の基本的な違い

大岡――「読み・書き」と「話し・聞き」との基本的な違いは、読むことも書くことも、個体だけの作業としてできるが、話すことと聞くことは、相手がいなければできない、相手が必要だということです。

この区別は、本当に基本的な区別だと思うんです。つまり、ことばの習得には、個体的な側面と、絶対に社会的であらざるをえない側面との両面があって、それが同時に総合的にとらえられないとだめだという認識がないと、失敗すると思うのです。

たとえば、「読む」ということを例にとってみますと、だれかが創った物語、そこには読んでいる子どもとはまったく次元の違う世界――動物とか樹々とか人間たちとか、そういうものがつくりだすひとつの物語の世界があります。それに対して、読んでいる子どもは、物語にそって自分の空想の世界を創りながら読んでいると思うのです。それはあくまでも自分の個体としての作業なのです。

かりに、先生が「物語のこの部分について作者はどう思っているか書いてごらんなさい」などと言うと、いままで個人の内部で物語の世界に反応しながら、積極的に動いていた想像力がパタッと止まってしまうこともある。だから、「書く」という作業も、そういう問いを前後の脈絡も考えずにいきなり出されたら書く気がしなくなる、あるいは、おざなりな答えを書いてごまかしてしまうのも当然です。そうではなくて、その想像力を働かせていた、エネルギーに満ちた受けとめる力を、こんどはそのまま書くという能動的な作業のなかに押しだしてやることが必要です。

そうなれば、物語と自分とのあいだの対話が成立するというかたちで、そこにひとつの社会的な関係もできあがると思うのです。それは「物語」と「個人」とのあいだの社会的関係なのです。その意味で、読むことは話したり聞いたりするという次元に必然的にかかわってきます。子どもは読みながら、頭のなかではいろいろのことをしゃべったり聞いたりしているからです。

子どもが五十人いれば、同じ物語が五十人の子どもの頭のなかで五十のあり方で伸びたり縮んだりしている。それぞれ違うわけです。もし、五十人の子どもたちの頭のなかをテレビで映しだすことができたら、五十通りの異なる、不思議な、豊かな物語の世界が渦巻いているはずだと思うんです。子どもたちは黙って読むという孤独な作業を通じて、物語の世界と自由に話したり聞いたりしているのです。

ですから、「話し・聞き」という作業はじつは、「読む」という作業のなかに入ってきているのです。それを切り離してしまうと、「話し・聞き」も死んでしまうし、「読む」ほうも死んでしまうのです。まして「書く」ことは、ひじょうな集中のエネルギーを必要としますから、書くという孤独な作業を通じて、たくさんの友だちのなかへ自分が橋を架けて、それによってみんなと対話をするところまでは、なかなかいかない。書くことを通じて、そういう喜びに満ちた世界に子どもたちが入り込むことは、ひじょうにむずかしい。「読む」「聞く」「話す」、そして「書く」という活動がぜんぶ連結しているという認識のうえに立って、子どもに教えるべきだと思います。実際、書くという作業はそこまでいかないと、意味がないのです。

ただたんに自分がやったことを書いて、それでおしまいというのでは、これは子どもにとって絶対に喜びにまでなりません。したがって、続けて書くということもできないでしょう。書くという作業はたんなる自己確認だけではなく、なんらかの意味で「自分を変形させる」作業であって、その変形した自分というものを、みずから第三者の眼で見たいという欲望は、人間にはひじょうに強くあるわけです。

それは、どぎつく言えば一種の自己顕示欲ということでもあります。つまり、書くことを通じて自分を人びとに見せて、人が「あいつ、こんなやつだったのか」とか、「考えられないよ。あいつがこんなにうまかったとは」とか、そういうことを言ってもらうと、とたんに書くことが大好きになるということがよくあります。たった一度だけ学校でほめられたために、みそっかすだった人が物書きにまでなってしまった、ということだってよくあることです。

だれか第三者に認められるということはとても大事な経験で、その場合にも、書くということはほかの人たちとしゃべることに通じているのです。書かれたものを読む側からすれば、ある友だちがしゃべっていることを聞くわけです。書き文字は固定した文字としてそこにありますが、書き文字を通じて、読んでいる人たちは、千差万別の会話をしながら読んでいるのです。

話題をもとに戻せば、そういう意味での「話し・聞き」ということが、ぼくらのつくった『にほんご』のモチーフになっています。「話し・聞き」と「読み・書き」というのは完全に連動しているという考え方で、また、連動していなければ両方ともだめになってしまう、ということです。

大人に向けてのメッセージとして

大岡――ぼくらの『にほんご』というのは、戦後の国語教育の流れなどはまるで考慮しなかったし、もちろん、安野さんを除けばほとんどその実情を知らない人間たちがつくったわけですから、これをこのまま教科書として使ってもらうなどということは、はじめから考えていなかった。これはむしろ、大人に向けてのメッセージ、あるいは呼びかけだと言ったほうがよいかもしれません。大人たちに対して、せめてこの程度のことは考えたほうがいいのではないかしら、みなさん、と言いたかったのです。

大人に向けてのメッセージとして何を伝えたいか。

それは、ことばというものを考えようとすると、最終的には、いわゆることばの問題をはるかに超えてしまうということです。人間、社会、あるいは人間以外の動物とか樹木とか、空とか宇宙とか、そういう広大な環境と一瞬一瞬、たえず交流しあっているその人間の、ことばをひとつの象徴的なあらわれとしているところの行為全体というものに、究極的にはすべて関係づけられてしまう、ということを言いたいわけです。その意味では、ことばの教育のむずかしさを逆に浮きぼりにしようとしている、とも言えると思います。

言語というものは本当に生き物です。それは、ことばそのものについて考えて追求していこうとすると、どこに行ってもことばが満ちているけれども、「これがことばです」と指さして示すことはできないようなものとしてことばがある、ということでしょう。たとえば、舞台のうえで役者が演技しているときに、肩をぐっと張りあげれば無言でも怒ったり拒絶したりしていることがわかるとか、肩を下げれば悲しんでいるとかがっかりしているとかとわかるような、そういう身体の動作だって、言ってみればことばの一種なのです。

ですから、〝あいうえお、かきくけこ〟とか、ローマ字とか漢字とかだけが文字であって、それがことばの主たる部分を占めている、というようなことではないわけです。そういうものを通じて了解される分野はたしかに多いけれども、同時に、それだけで通じるかというと、ぜんぜんそうではない。そういうものがまったく絶えてしまった瞬間に、感動的な何かがこみあげてきて、それは涙でしか表現できなくなる、それが言語を超えて心を伝えるということがおおいにあります。

その点では、学校教育で教科書によって扱う言語というものは、根本的にはことばのあり方のある基本的なモデルを示してくれるものであってほしいが、同時に、それ自体は広大な言語世界のなかの一部にしかすぎないということを、忘れてはならないと思います。もちろん、ひろびろとした言語の世界を実感できるようになるまでの過程として、狭い意味のことば教育はきわめて大事ですが、それを承知したうえで、ことばを超えた大きなものに打たれなければ、人間というものは生きていく喜びをもちえないと思うのです。

だから、ことばについてつきつめていくと、たえず矛盾した問題にぶつかります。ことばの偉大さは、まさにことばでは説明しきれないものにまでたえず人を導いていってくれるところにあるのです。したがって、最終的には、ことばには用がなくなってもういらなくなる、消えてしまう、その瞬間のところまでことばを論理的に、あるいは感受性豊かにつきつめて使っていくという、そこがぼくらにとっていちばん大事なことではないかということです。

『にほんご』を通じて、結局は、人間の生きている意味とは何だろうということを問題にしたかったのですが、それが大人に向けてのメッセージということの意味です。

2 豊かな人間関係とことばについて

子どもが詩人になるとき

●――「読み・書き」という活動は、「話し・聞き」と連結している、ということをお聞きしました。実際、小学生が作文を書くのは、先生に対する対話として成り立っているように思います。先生におもしろいと言ってもらえるから書ける。先生との関係によって、書けるか書けないかが決定的になります。ぼくの教えた子どもでも、つぎの先生のところへいったら、ぜんぜん書けなくなる、ということもあります。

大岡――そうです。結局、言語というのは人間関係のないところでは流れ出なくなってしまう。蛇口がすぐに詰まるんです。ところが、生活を子どもが実感している場合には、「ぼくはこういうことをしたよ」「ぼくはこう思っている」とすぐに書いて、ほかの人にそれを報告できる。自分が全体をどうとらえているかが、じつに論理的に出てきます。それが書くことのいちばん基本であり、本当に単純なことでもあります。しかし、実際には、それができないことが多い。

教えられたことだけを書くなら、これはいくらでも書ける。教えられたこと以上にはいかないけれども。そうではなく、自分自身の感じたことなり思想なりを書くとなると、教えられたことをくり返すだけならいくらでも書けた子どもも、とたんにことばが出てこなくなってしまう。これは驚くべきことです。

みずから積極的にものを書くということは、ある決められた本を教えこんで、それについて書きなさい、というだけの関係からは生まれてこない。いわゆる読み書き以外のところからエネルギーを汲みとって、教えこまれた文字や語法を使って、自分のなかから自然に突きあげてくる力によって書くという作業がなければ、書く本人にとって楽しいものは出てこない。これはごくあたりまえなことだと思うのです。

だから、読み書きを〝島〟と考えれば、その読み書きの島のまわりには、豊かな水をたたえた海、あるいは大きな河がある。その海や大きな河とは、じつは生活というものなのです。読み書きの島にいる子どもが、その生活の海や大河から、いわばどのように水を引いてきて飲むことができるようにするか、それを手助けするのが教師の役割だろうと思うのです。

その島で暮らしている子どもたちと、子どもを取り巻いている生活の海や河とのあいだの通路がうまく通じていなければ、結局、子どもたちは失語症的にならざるをえないと思うのです。その「生活」のなかには、教師と子ども自身とのかかわり方も含まれます。

●――ことばについて考えようとすると、ことばの問題をはるかに超えてしまうということが言われました。ことばで表現できないところまで行きつく。それは宇宙につながるのかもしれませんが、そこでは逆に、ことばを求める……。

大岡――ことばを求めながら、じつは、ことばがなくなるほどの力強い感動を求めてもいる。そのとき生じる空白を何かで埋めなければならない。そういう抗《あらが》いがあるから、子どもにとってその瞬間が忘れられないのです。

この気持ちを表現するにはどういうことばがあっても足りない、と思うほどの出来事が生じたとします。苦闘してやっと自分の気持ちに近いことばを見つけることができたとすれば、そのとき、その子はたしかに詩人になっているわけです。

一方では、ことばの論理性をどこまでもつきつめて、自分が言おうとすることは徹底的に言うことを追求すると同時に、いくら追求しても表現できないほどの大きな何かに包まれたいと願望する。その二つのことがたえず必要で、どちらが欠けても、結局、両方ともだめになるということです。

たとえば、舞台で役者が肩の上げ下げだけで何か決定的なことを伝える場合がある。それが無量の思いを表現するにいたるまでには、ことばのやりとりが丁丁発止と積み重ねられてきて、ドラマの建築物が創りあげられているからです。それで、最後の瞬間に役者が肩をおとすだけで、その建物全体と匹敵するくらいの大きな感動を生みだすことができるのです。

そこまで行きつくには、狭義の意味でのことばを正確に積みあげていかなければ、絶対だめだと思うのです。ことばにならないところに行きつき、それを浮き彫りにするためには、ことばのすべてを正確に駆使していくことだと思うのです。もちろん、ここで言っていることは、文学的な、あるいは芸術的なことばの使い方に主として重点をおいています。法律や社会科学の分野では、ことばで表現できないものを追いつめるということは、それほどにはないわけです。相手にことばで説明し、論理的に完全に理解できるようなことばの使い方をしなければいけない。ですから、ことばのなかにも、いろいろの傾きがあると思います。

しかし、小学校や中学校の子どもたちの場合には、ことばを使う感動ということにいちばん基本をおくべきです。そうでないと、それからさきの論理的な言語生活も豊かになりません。たとえば、お医者さんになる勉強をして、医者の資格をとって開業したとします。それで患者がくる。ところが、患者に対して冷静に論理的にだけしゃべる医者になったら、患者は治る病気も治らなくなる。だから、医者にとっても子ども時代の言語体験というものがひじょうに大事だと思うのです。

子どものときにいじめられっ子だった医者は、弱者に対するいたわりがあるかもしれないし、逆にまた、自分の過去に対する怨念によって弱者に対してもきびしく当たるかもしれない。たえず両面がありうると思います。その人の過去から現在にいたる歴史というものが全部そこにかかわってくると思うのです。だから、言語生活というのは、その意味で全生活にわたるわけです。医者と患者の例でいえば、医者が患者に対してどういうひとことを言うかによって、よくなるかもしれない病気がだめになるということがあるとすれば、その決定的に重要なひとことを、たんに論理的にだけ言うことでよいのかといえば、けっしてそうではないわけです。

医者というのは論理的な職業だと思いますが、その論理的な職業を生かすためには、論理だけではなくて、感情を豊かに表現できることばづかいができなければ、本当の医者としての資格がないでしょう。法律家の場合にも同じことがいえると思うのです。弁護士とか検事のことばというのは、論理をつきつめていく仕事ですから、論理的なことばだけで済むかもしれない。にもかかわらず、けっしてそうではなくて、法廷において最終的にものをいうのは、論理的プラスなにかです。そのプラスなにかというのは、ひじょうに重要だと思います。裁判官の心証を形成する場合の、最後の決め手というのは、たんなる論理だけではない、とぼくは思います。

ことばを音声化することからの出発

大岡——三歳になってもご飯を噛めない子の話がでましたが（八五ページ）、とても意味深い問題だと思います。その子は、もしそのときに指導を受けなければ、五歳になっても、十歳になっても、ことばをしゃべらなかったかもしれない。その可能性がありました。その子がご飯を噛めないのなら、もういちど赤ちゃんの状態にかえして、母親が抱いてお乳を与える、それでうまく立ち直ることができた。要するに、人間のすべての行為の根本は、生まれ落ちたときから幼児期の三歳ぐらいまでの経験にあると思います。生まれ落ちたとき、「オギャー」と言った瞬間から、赤ちゃんは、自分の出した声を自分で聞いているのです。やはり、声に出したものが最初のことばなのです。文字を書いたり読んだりするというのは、ずっとあとのことです。

人間一人ひとりのもっているいちばん基本的な体験というのは、声を最初に出したということと、それを聞いたということだと思います。これはいわば原始時代の立場にかえることです。どんな文明社会の個人も、ことばを声に出してしゃべって、それを聞くことから始めるという点では、原始社会の人間とまったく同じ地点に立っているわけです。

文字を使うことは、そこから高度な段階に入るわけです。文字はすばらしい人類の発明であったけれども、半面、ことばがまず音声によって始まった当時の原始的エネルギーを文字のなかに吸収したわけだから、そこで失われていくものもあった。だから、文字からことばが出発したのだというふうに考えてしまうと、ことばの根っこの部分の水を絶やしてしまう危険があると思うのです。ことばをいきいきさせるいちばん基本の水を……。ことばの教育を理論化する作業のなかで、このことは忘れられてはならないと思います。

文字で表記されたものでないと思想だと思わないという考え方に慣れてしまうと、文字表記されたもののなかでしかことばを考えない。ことばが発生期の段階でどうであったか、泡立ってきたことばというものの泡立ちの瞬間を忘れてことばの教育を考えるのは、砂上に楼閣を築くに等しいと思うのです。だから、体験として肉体化されていることばの重要な要素を置き去りにして、知識として明文化できる部分だけでことばの問題を理論化してしまうことにもなる。

谷川俊太郎が『にほんご』の「あとがき」で〝ことばを声にして発するところから出発したい〟と書いていると思いますが、それは単純なことにみえて、じつは、人間のよって立つ基盤にふれた主張だと思います。どんな文明人でも、生まれ落ちたときには、オギャアオギャア、アーアー、ダーダーから始めて少しずつことばを覚えていく、かよわい存在として生まれてくる。そこがことばの発生の場なのです。ことばの教育も究極にはそこを離れてはありえないと思うのです。

ことばの教育の問題は、わりと単純なところに転がっているという気もします。ここにいらっしゃる先生方は朗読を大事にしているようですが、いっせいに朗読運動のようなことを起こしたらどうでしょう。いま、ことばの教育に悩んでいる人たちに有効かもしれません。

「おうい」ということばひとつ例にとってみても、それを声に出して発してみると、「オ〜イ」と言うときと、「オイ」と言うときでは、ぜんぜん意味が違うということの認識から出発することが大切だと思うのです。「おうい」が川の向こうの人に呼びかけているのか、「オイッ」と強盗がだれかの背中にドスを突きつけているのか、「オイ」と友だち同士の親しい呼びかけとして言っているのか、それは音声にしなければ判断できないわけです。そういうことばの根本にさかのぼってみたらよいと思います。

敬語をめぐって

●――ことばは人間の関係のなかで使われ、その関係をつくりだしていくものでもありますが、日本では、上下関係で使われる敬語があります。いま、若者が一律に同じようなことばづかいをするということが言われていますが、上下関係を教えるためのしつけではなく、新しい人間の関係をとらえるうえで、敬語をどう考えたらいいでしょうか。

大岡――いまでは上下関係の敬語はあまり使われなくなってきていて、ていねい語のなかに敬語が広く包含されていく傾向があります。敬語はむずかしくてよくわからないから、だれに向かってもていねいに言っておけば無難だというかたちで使われています。それがまた、場合によってばかばかしい形式主義になってしまうために、敬語そのものへの関心が薄れてきていると思うのです。そういう意味では、敬語の体系は昔に戻ることはありえないでしょう。新しい人間関係のなかで、お互いのあいだのいたわりとか、思いやりとか、そういうことを表現する新しい仕方が発見されていけば、敬語意識もそちらに向かって新しく練り直されていくでしょう。

その場合にいちばん大事なことは、自分と話をしている相手がどういう人であって、自分はその人に対してどういう思いをもって接しなければならないか、ということに対する自覚だと思います。だれに向かっても、同じような甘ったれたしゃべり方しかできない子どもは、相手をまだ十分に認識していないわけです。

相手がからだの弱い老人であろうが、先生であろうが、友だちであろうが、同じしゃべり方しかできない子は、ことばが社会のなかで関係の表現として存在していることについての認識がないという意味で、ことばの使い手としてまだ欠けているものがあります。

そうではなくて、どういう地位にある人であろうが、どんな相手に向かっても、自分流のやり方で上下関係のへだてのない話し方ができる、しかも、相手の立場に対してちゃんとした認識のある温かさを示すことができる子どもが出てくるならば、これは、まったく新しいタイプの日本語の使い手になるだろうと思うのです。

そうなれば日本語は、決まった形の敬語がない英語などのあり方に近づくだろうと思います。逆に言いますと、たえず相手をきちんと認識して、この人に対しては自分はこういう態度をとらなければならない、ということを知ってしゃべらないと、たちまちギスギスした人間関係が露呈してくるでしょう。敬語が果たしている役割は大きいということが、そこで改めてわかると思います。

だから、もし敬語がなくなった場合には、日本人の一人ひとりがことばに対して意識的になり、自分が相手にしている人がどういう人であるかをきちんと認識したうえでしゃべる習慣ができてこないと、たえず争いになるだろうと思います。その意味では敬語は、ある点では偽善的ではあるけれども、社会的な潤滑油の役割を果たしていると思うのです。

たとえば、アメリカの地方都市の小さな郵便局へ行って切手を買うとします。そのとき、郵便局の職員は、たった一枚の切手でも、相手が男なら「サンキュー・サァ」、女なら「サンキュー・マーム」とか言います。日本の場合には郵便局で四十円切手を一枚買っても、いちいち「ありがとうございます」と言って手渡すかどうか、かなり疑問でしょうね。

「サァ」とか「マーム」とかをつけるのは相手の気持ちをやわらげます。とくにアメリカのような多民族国家では、案外これは重要な潤滑油の役割を果たしているかもしれない。アメリカはいろんな人種が住みついていて、しゃべっている英語も、スペイン人の英語、イタリア人の英語、日本人の英語、ドイツ人の英語……といろいろあって、場所によっては、どの人の英語がいちばん美しいか、あるいは正しいかわからないというような状況があるからです。つまり、あまり細やかなニュアンスのない英語のやりとりでは、場合によるとギスギスしてけんかになるようなこともあるだろう。それを避ける手段のひとつとして、だれに向かっても、ことばの最後に「サァ」とか「マーム」とかとつけ加えるだけで、関係がやわらげられるということがあるのでしょう。

日本語では敬語的なものが残っているから、それで補われているのだと思うのです。ところが、英語ではことばの単位として敬語がありませんから、それを補うことばとして「サァ」とか「マーム」とかいうことばをことば尻につけるわけです。そう言われると気分がいい。だから、買ったほうも「サンキュー・サァ」とか言って出ていく。そういう意味では、人間関係の表現としての言語に対してひじょうに意識的だと言っていい。日本の場合には、その点の自覚が希薄だと思います。なぜかといえば、日本語はどこへいってもやすやすと通じると、日本人同士は思っているからです。

世界の言語を背景に、母語と方言を考える

●——『にほんご』のなかに、母語ということばが出てきますが、日本語における母語という意識をはっきりさせたいと思うのですが……。

大岡——ほとんどの日本人は、はじめから日本語という母語のなかで生まれ育って母語だけを使っているわけですから、母語を意識しない。しかし、アメリカの場合でいえば、ロサンゼルスの市民の過半数ぐらいがメキシコから移動してきた人たちです。この人たちの多くは、家庭のなかでスペイン語をしゃべっていると思うのです。それが母語です。それと同時に、社会的な交流をしなければならないので、必要やむをえず英語をしゃべっている。その意味で、この人たちにとっては言語が二重になっているわけです。

インドネシアなどではもっと言語が重層化しています。あそこではインドネシア語が公式の国語として使われていますが、このインドネシア語は一九二八年ごろに採用が決定されたことばです。基本的には旧オランダ領東インド地域で広く使われていたマレー語を主体にして、それにさまざまなヤスリをかけて新しいインドネシア語をつくり、文学者や教育者が中心になって普及運動をすすめたそうです。

そうせざるをえなかったのは、インドネシアは無数の島からなる島国で、総計四百十七の部族があり、四百十七の言語があるというのです。以前、インドネシアの詩人アイップ・ロシディ氏と対談してそのことを教えられ、驚いた経験があります。国家の統一、近代化のためには、共通語をもたねばならないので、「インドネシア語」というものを設定し、一九四五年以降の共和国の歴史のなかで、人びとはその普及に努めたのです。

しかし、学校ではインドネシア語を習っても、それぞれの部族社会のなかで長年暮らしていけば、共通語は忘れてしまう人も多い。もうひとつ大きな問題は、ことばを表記する文字の問題です。あそこはイスラム文化の影響が大きいので、昔はアラビア語が主な書き文字だった。ところが、一九四五年の解放以来、インドネシア語の表記にはローマ字を使うことにした。それで、従来アラビア文字で書いていた人びとは、いわゆる文盲になってしまう。また、新しい世代でも、いま言ったように共通語たるインドネシア語を忘れてしまう生活者がかなりいる。非識字率は三十〜四十パーセントあるといいます（当時）。一方、オランダ領だったからオランダ語は深く浸透しているし、知識人は英語をよく話します。こういう多重言語の国で、ひとつの共通語を守り育てていくことは、日本人には想像しにくい、困難なことだろうと思います。

アフリカでもそうです。東アフリカのケニアやタンザニアなどでは英語とスワヒリ語が公用語ですが、それに、自分の部族の言語と、三つのことばをしゃべっています。テーマによって、部族語で話したり、スワヒリ語あるいは英語で話したりという、言語の多重生活が日常いとなまれています。そういう意味では、日本のように大多数の人が母語だけの単一の言語をしゃべっている国は、むしろ世界的には特殊な国であると考えたほうがいいのではないでしょうか。

インドでも数百の言語が入り乱れています。ベルギーなどでも、北部と南部では使う言語が違うので、言語問題でたえず抗争が生じます。スペインのカタルーニャ地方でも、スペイン語とは異なるカタルーニャ語を守るため、フランコ政権のもとで長いあいだ死の危険さえ冒して戦った人びとがいます。それは自分たちの独自性である言語を守りたいからです。人間がいちばん大事にしているのは言語、それから風俗習慣です。ことばを奪われると風俗習慣も崩壊しますから、人間が魂を奪われるのと同じことなのです。

その意味で、そういう国ぐにの人びとは母語の大事さを骨身に徹して知っていると思います。ことばだけが自分たちの共通の文化の絆《きずな》であり、そのことばをもっているかぎりは、自分たちの文化は統一されている。この自覚のいちばん強烈な例はユダヤ人でしょう。ヘブライ語があるから統一がある、と言ってもいい。ヘブライ語とユダヤ教という宗教は同じものと言ってよいくらいにつながっています。

これに反して、日本人は母語の大切さについての認識が薄い。だから、ほかの国の事例をたえず子どもたちに知らせるだけでも、子どもたちにとっては意味のある驚きとなろうと思います。そのことによって、「日本人とは何か」「自分は何者か」ということを外側からも見ることができると思うのです。

日本のなかにも、共通語と地方語、あるいは方言の問題がありますが、それを日本のなかだけの問題としてとらえると、かならず「方言を大事にしましょう」「方言を保護しましょう」という力の強弱の関係になってしまいます。そうではなくて、方言のなかに力があり、威厳がそなわっていることを言うべきなのです。「おれの東北弁をばかにするな」ということは、全世界的な背景をもって反論したほうがいいと思います。全世界的にはそれがあたりまえなのです。そうでないと、ほかの国や民族の抱えている問題に対する理解もできなくなってしまいます。

日本だけの特殊な問題として標準語と方言があると、まず最初に前提にしてしまうから、方言はニュアンスが豊かですばらしいものだけれども、しかし、標準語が基本だから、まず標準語を習って、それから、方言についても大事にしましょう、ということになってしまうのです。そうではなくて、方言といわれるものは、全世界的には無数にあって、そのなかから人びとが共通に使えることばを一生懸命創りだしてきたのだ、という認識があれば、もう少し違った見方ができるだろうと思うのです。

だから、ぼくは、考え方によっては二重の言語生活はいいことだと思います。標準語は標準語で使い、自分の生まれた土地のことばはそのことばでたえず使う。そのことによって、ほかの土地で生まれた人たちも、文化の厚みを知ることができる。だから、二重の言語生活を認めることを日本人全体に浸透させていくほうがいいと思うのです。

III

ことばが誕生するとき

1 「ことば遊び」がことばの根を養う

なぜ、子どもは「ことば遊び」を喜ぶのか

自分の考えをことばにして言えない、あるいは読んだり書いたりすることが嫌いだという若者たちが増えている背景には、孤独を強いる、つまりはことばをとおしてのコミュニケーションを必要としないことで成り立っている現代社会の問題がある。そういう社会のなかで、言語教育もまた、子どもたちの現実の世界から離れたところで行なわれている。残念ながらそれが現実だと思います。

しかし、この現実をなんとか変えようとして、私たちは「ことば遊び」を教育のなかにとり入れてみたのです。子どもたちはそれをとても喜び、心を開いてくれました。ところが、こうした授業に対して「しょせん遊びじゃないか、子どもたちの力にはならない」といった声を、ほかの

教師からよく聞かされるのです。はたして「ことば遊び」はしょせん遊びなのか、この点をもう少し深く掘り下げて考えてみたいと思います。

大岡——ことば遊びにかぎらず、遊びということを考える場合に大事なことは、「遊びはルールがないと成り立たない」という点です。このことは、遊びに対して否定的な立場の人も肯定的な立場の人も、あんがい忘れやすいことです。だから、「ことばを遊びにおとしめるとは何事か」という論が出てくるのだし、また、肯定的な立場の人も引け目を感じてしまうのではないでしょうか。

遊んだことのある人ならだれでもわかることですが、そもそも遊びにルールがなかったら、ひどくつまらなくなる、子どもたちもすぐにやめてしまいます。かくれんぼで、鬼の子が「もういいよ」と言われるまえに目を開けてしまったら、ひとつもおもしろくない。「もういいかい？」「まあだだよ」というのはかくれんぼの基本的なルールで、これをはずしたら遊びになりません。

もっとも、遊びの場合、ルールの枠組がきっちりしているかというと、そうでもありません。いちばん元になっている部分だけは、いわばピンでカチッと留めていて、そのピンとピンのあいだに縄を渡して囲うとルールの枠ができる。縄は内側にへこんだり外側に出っぱったりしていていい。たえず自由勝手に歪めたりできる。つまり、基本的なルールが決まっていれば、あとは小さなルールを勝手につけ加えて遊べる。そこにも子どもたちはおもしろさを感じるのだと思います。

たとえば、谷川俊太郎に「ことば遊び」の作品がいくつもありますが、かならず一つひとつルールをもっています。音韻的なルール、材料のうえでのルール……。ルールにのっとって遊ぶからおもしろいんです。たんにデタラメを書いたものなら、だれも見向きもしません。そこのところを、真面目な人はつい忘れてしまうのではないでしょうか。

じつは、その真面目な人たちは、自分では意識していないかもしれませんが、別の権威あるルールに縛られているのです。そのルールのうえに立って「遊びなんてくだらない」と腐している。だから、ルールとルールの戦いなんです、これは。いまは権威あるルールのほうが、時の政府の考え方も後ろ側にそびえ立っていますし、優勢です。それに対してもう一方は「こちらも優れたルールがあるのだ」と主張しているのですが、まだ広く伝わっていない。だから、ことば遊びを支持する側の人でさえも、「教育って、もっと真面目にやらないといけないのかなあ」と萎縮してしまうのですね。

谷川俊太郎の詩に、こういうものがあります。

さるさらう
さるさらさらう

さるざるさらう
さるささらさらう
さるさらささらう
さるざるささらさらささらって
さるさらりさる
さるさらば

これはサの音が基本になっていて、「さらう」「さら」「ささら」「さらさ」などという、ことばの子どもをどんどん生んでいく……。同音異義語がたくさん出てきますから、読むと、意味が二つにも三つにも割れていく。だけど、テキストとしての詩は、ご覧のとおりひとつである。そういうおもしろさをもっています。

子どもたちはこういうことば遊びをとおして、言語には、なんだか知らないけれど、違うことばのあいだにも共通項があるらしい、ということを発見していく。ですから、「くだらない語呂あわせの遊び」どころか、言語に内在しているさまざまな法則性に対して、子どもの目を開かせていく早道のひとつとなっているんです。もちろん、これが絶対だというのではなく、ひとつの筋道として有効なのです。

ルールがあるという意味で言えば、ことば遊びと野球は同じようなものと言ってもいいかもしれません。谷川俊太郎が投げてくる球を、子どもたちが一人ひとり、打ち返す。ある子はホームランを打つ。つまり、詩のなかから、谷川自身さえ気づいていないようなことばの連係を見いだしたとしたら、その子は明らかにホームランを打ったのです。「なんだ、これは」と見ているだけの子は、空振りの三振……。いずれにせよ、そこにはルールの存在が認められるから、大半の子がおもしろがるのです。

ことばの法則性を発見する

大岡――言語のもっている法則性を見つけていくという点で言えば、ことば遊びは文法のある部門を教えているのと同じだと言えるでしょうね。しかも、そこには自分で発見する喜びがある。子どもたちに、「このことば遊びのルールをちょっと変化させてみたら、どうなる?」と誘い水をかけると、夢中になってやるはずです。自分で筋道をつけていくことはとても気持ちのいいことだからです。筋道のつかないことを押しつけられるのは、大人にとってもよくないことですが、子どもにとってはもっとよくないことです。自分で筋道をつける体験なしに、決められた法則をこまごまと教えられる授業に比べて、子どもたちが喜ぶのは当然なんですね。

文法の周囲に韻律とかリズムとかが絡んできて、さらにそれを組み立てていくと、ことばの表情とか、色あいとか、重さ・軽さとか、そういうものが浮かびあがってきます。そのいちばんの基本となることばの法則性を、子どもたちはことば遊びのなかからも発見できるのです。ですから、ことさら「遊び」と言う必要はないかもしれません。ことば遊びと言うと、「遊びなんてくだらない」と思っている大人の多くから、一段低い言語教育に思われますから。言語の法則性を教えるための方法だと言えばいい。ことばがどのように成り立っているかを、いちばん基本のところで教える方法だ、と。

もし、「ことば遊びなんて言語教育ではない」というようなことを主張している人がいたら、その人がどんな偉い学者であろうとも、その人の言語観は根本的にまちがっている、と言わなければならないでしょうね。

よく砂浜で子どもがお城をつくります。たいていの子どもは、砂を積みあげると、つぎにトンネルを掘りますね。そこへ波が寄せてくる。「あっ、トンネルに水が入るかな！」と思うが、届かない。新しい波が来てトンネルに入ってきた。くぐり抜けるかな、抜けないかな……。そして、波がくぐり抜けたとき、やった！　と感じる。そういうわくわくするような快感を子どもたちは体験しているのですが、それは、子どもたちの必然的な生命の意欲を示しているといえると思います。同じような意欲を、子どもたちはことば遊びのなかで、ことばの筋道を見つけていくことに感じるのではないか、と思います。

●──一年生の子どもたちと、二つの「あ」という文字を頭にして文をつくるということば遊びをやったのです。たとえば、「ありが　あるいた」というように。子どもたちはとても喜びました。たったそれだけのことですが、二つの「あ」で始まることばが、ひとつのニュアンスでつながるかどうか、いまのお話でいえば筋道がつくかどうか、それを捜していくことは、子どもたちにゾクゾクする快感を呼ぶようです。

大岡──人間の知性の活動と遊びというのは切り離せないものです。

言語遊戯というのは古くからありますが、日本でいえば、平安時代の知識人の源 順《みなもとのしたごう》という人が、和歌のなかでそういう試みをしています。この人は『後撰和歌集』の編者の一人ですが、漢学者ですから、中国の文献に載っていることば遊びにヒントを得て、創意工夫をこらして、ひらがなで試みたのだろうと思います。たとえば、四十八首の歌を並べて、それぞれの五七五七七の最初の一字と最後の一字が同じ字、しかも、四十八首の歌のそれぞれ最初の字、最後の字を横に読んでいくと、上にも下にも、「あめ、つち、ほし、そら、やま、かは、みね、たに、くも、きり……」という、当時における手習いの歌が浮かびあがる、というようなことをやっています。彼の友人の曽禰好忠《そねのよしただ》という歌人も似たようなものをつくって、彼と贈答をやったりしています。

遊びというものはルールがわからないとダメですから、ある意味ではひじょうに高級なものです。ぼくはゴルフをやりませんが、ゴルフのおもしろさはわかります。あれだって各ホールのパー・プレーがいくつなのか決まっていることをはじめ、いろんなルールのなかで、狙ったところにどれだけ接近できるかということがあるからおもしろいのです。

じつは、ぼくはいわゆる遊びはほとんどできないんです。ゴルフだけでなく麻雀や碁・将棋もやらない。谷川俊太郎もあまり遊びはしないのですが、谷川もぼくも、たぶん書くことが遊びになってしまっているのでしょうね。書くことにはルールがいっぱいありますから、そのなかで楽しんで、また新しいルールを創っていく。自分の限られた時間を、書くという遊びで埋めて楽しんでいるわけですから、ほかの遊びのルールを覚えることまで手がまわらない……。

スポーツをすることも、平安朝の知識人のやったことも、本質的には同じだと思います。外観はぜんぜん違いますが、人間の知性・感性の活動のうち、遊びにかかわる部分というのは、簡単にいうと、ルールによって規制して、それを楽しむ、そういうものだろうと思います。あるていど枠組をつくって抑えつけておいて、それをはねのけることで喜びを倍加させる。そういう知性と感性の活動の、ひとつの表現が言語活動であり、別の領域ではスポーツや音楽や美術となって表現されていくのだと、ぼくは思います。

ことばをことばとして味わう

●――子どもが全身で喜んでやることば遊びも、大人にはつまらないものと映るらしくて、「なぜ、こんなことをやるのか」という質問が出てきます。また、おもしろいという大人にとっても、「たんなる遊びじゃないか」という疑問があるように思います。子どもと大人の受けとめ方の違いには何か意味があるのでしょうか。

大岡――大人がことば遊びに冷やかになるというのは、ある意味で当然だと思います。大人の場合には、ことばを功利的な側面でとらえることが多いですから、「こんなことで遊んでいるのは時間の無駄だ」というふうに考える。その気持ちはよくわかります。だから、大人に向かってことば遊びをおもしろがれというのは、逆の押しつけになってしまう。ことばをことばとして楽しむということよりも、ことばのもつ別の領域――政治言語とか経済言語などの功利的な領域で使うことに頭がいっぱいの人には、無理な注文だと思いますね。

子どもは、そういう功利的な目的でことばを使わなくてもすむ存在なんです。また、そのことは子どもの置かれている条件としてもとても大事なことです。

言語が政治言語とか経済言語とか哲学言語とかに分けられる以前の、ことばのいちばん基礎をなしている部分――木でいえば幹にあたる部分を子どもたちは一人ひとり、自分のなかに創りつつあるのです。子どもは、その時間をたっぷり味わうことが必要だと思います。ことばの幹から経済の枝、哲学の枝、自然科学の枝などがつぎつぎに出てくる。子どもの時代とは、樹木でいえば、地べたからすうっと芽が出てきて、すっくと立ちあがった状態、これから双葉に分かれて枝がだんだんに分かれていく、その活動前期の状態なのですね。

だから、子どもにとっては、ことばという文化的な食物を食べて育つことそのものが目的である。ことば遊びは、ことばを素材として、そのおもしろさを味わうこと以外に目的は何もないわけですから、彼らの言語経験にはふさわしい材料なんです。大人の世界では、たとえば、政治言語や経済言語で頭がいっぱいになりますから、その人にとっては、ことば遊びのような言語そのものを目的とする言語構造体は、無意味なものに映る。それはそれで、大人の立場としてはよくわかります。

しかし、功利的なことばだけがことばのすべてだと思っているとしたら、彼はまちがった言語観をもっているということになる。人間の言語活動には、ことばそのものを楽しむことを目的とするものがあること、また、そのほうが人間の能力として高いものでありうることを、きちんと認識しなければならないでしょう。じつは、学校の先生方が、言語には二つの側面があることを知っているかいないかということは、ことばの教育にとって大きな分かれ目になってきます。それを知っていれば、教師用の指導書や学習指導要領や市販テストの解答に書かれていることは、相対的なひとつの答えにすぎないことをすぐ判断できると思うのですよ。それを絶対のものにしてしまうから、教育が硬直してしまう。

●――子どもたちにことばを教えるには、まず、自分の身のまわりの事物や生活にかかわることばから教えるべきだという考えが、やはり一般的に強いと思います。つまり、「ことば遊びで子どもたちがいくら喜ぶといっても、それはことばを身につけることにならない。生活にそくしたことばを身につけてから、ことばを楽しむことに進みでたほうがいい。事実からことばを学ぶということが基本であり、ことば遊びなどは枝葉末節だ」というわけです。そう言われると、ことば遊びを基本に考えている教師のうちには、自信をなくしてしまう人もいるのです。ぼく自身もそのことで迷いました。

そこで、子どもたちが事実からことばを学ぶというのはどういうことなのか、もう少し考えてみたいと思います。

大岡――それは人間の成長過程の問題と不可分にかかわってきますから、単純に分けることはできませんが、大まかにこういうことは言えると思います。

子どもは育つこと自体が目的ですが、だんだん大きくなるにしたがって、同時に、社会的な意味での義務を背負ったり、他者とのさまざまな関係が生じてきて、その関係のなかで生きていくことが必要になってきます。社会のさまざまな関係は、目的も違い、効用も違うものに分化していますから、ことばもそれに見合うようなものを使わなければならない。そのとき、とくに大事なのは〝事実を確認する〟ということです。事実を確認しないでしゃべっていると、あるところまでいって、「なんだ、おまえの考えとおれの考えとぜんぜん違うじゃないか」と、ときにはケンカになったりする。ことばが事実を正確に表現しているということが絶対の条件になるわけです。

でも、そのまえの段階では、子どもはことばを、いわば食べながら、〝ことばを使う存在〟である〝人間〟として育っていくということがほとんど唯一の目的だと言っていいと思います。かりに小学校の段階だとしたら、算数のことばや地理のことばを含めて、いろいろなことばを食べて、自分のことばの世界をふくらませていく。ここでは、ことばの世界を楽しみながら咀嚼《そしゃく》していくということが目的そのものになっている。その段階では、このことばを使ったら他人をどう動かせるか、といったような政治言語を使う必要は、本質的にはないはずです。

ただ、小学生といえども、学級に偶然に編成された瞬間から、小型の社会関係のなかに組みこまれるのは当然です。たとえば、腕力の強い子と、勉強のできる子と、それぞれその小型社会のなかで果たす役割は違ってきますから、それをまったく知らんぷりして生活するわけにはいかない。子どもたちはそこではじめて、ことばの使い方ひとつにもいろいろと手心を加えなきゃならないことを覚えていくわけです。それは社会的な言語の使い手になっていく準備段階であり、同時に、その行使者としての役割がすでに始まっているということなのです。

そういう過程を通じて子どもたちは、ことばそのものを楽しんでいるだけではすまないな、ということを学んでいく。あることばを使うと、あいつがかならず怒る。このことばは使わないほうがいい……。そういう功利的なことばの使い方を覚えていく。それは大事なことです。そうでないと、自分もしくは相手がことばによって深い傷を負うことになりますから。

しかし、それはことばの本質的な働きからいうと、分化された後のものなんですね。学校で、事実を事実として伝えるための正確なことばの使い方を教えるのは、そのまえに、ことばをことばとして味わう段階を経たあとのほうがいい。その段階をできるだけ充実させておかないと、正確なことばの使い手としてもハンパに育ちかねない心配があるのです。ことば遊びは、ことばをことばとして味わう、ことばの教育の幹を形成するもののひとつと考えるべきだろう、と思います。

功利的な言語で成り立つ現代社会

●──日本人はことばをことばとして味わう文化をもち、それには長い歴史と伝統がある、ということについては、だれにも異論はないと思います。にもかかわらず、現代では、そういうすばらしい伝統を育むはずの教育の場においてさえ、ことばをことばとして味わうことが後まわしにされている。これはいったいなぜだろうと、多くの人が疑問をもっていると思います。

大岡──それはやはり社会のあり方が急激に変化したことに関係があると思います。昔は生活の時間がゆるやかに流れていた。たとえば、お百姓さんの生活だったら、春夏秋冬という季節に従って、冬のあいだは休み、春になったら畑を耕し、種まいて……と一年間が過ぎていった。北のほうの人だったら、冬のあいだは家に閉じこもって、コタツにあたりながら昔話をしたり、お酒を飲んだりということがあった。もちろん、だからこそ生活はつましいものだったのですが……。いまは、冬場でも都会に出ていけば稼げる。そうなると、いままでの時間のテンポとは違ってしまう。一例をあげればそういうことですが、ある職業がもっていた生活のリズムが崩れてしまって、ずいぶん違った生活時間の多種類の層が、ある家族、あるいはある人のなかに侵入してきているのです。

しかも、テレビが入ってきてからは、一人ひとりの生活空間がひじょうに広まってしまった。少なくとも意識の世界では。真夜中の番組を見ていると、新宿には奇妙きてれつなセックス産業があることをいながらにして教えてくれる。頭の片隅にはそういう情報もちゃんと入ってくる。ある人の生活時間がテンポ正しく流れていくということはなくなって、二十四時間のうち十六〜十七時間は、チカチカ、チカチカといろいろな情報が入ってくる状態になってしまった。

そうなると、さまざまな性質のことばが同時に一人の頭のなかに投げこまれてくる。めったやたらに多くの材料が頭のなかにひしめいてくる。大人の世界だけではなく、子どもにも当然、大人と同じような情報が流れこんでいきますから、大人のもっているものと同様の功利主義的な言語意識がきわだって強くなってしまったのだと思います。大人と子どもの世界の区別がつかなくなってしまった。だから、ことばをことばとして味わうことを経験しないまま大きくなった子どもたちが増えているのではないでしょうか。

子どもがことばを食べて、味わいながら育っていく時間がだんだん少なくなってきています。子どものもっている、ただひたすらに伸びることだけが目的であるという、自由でゆるやかな時間がだんだん乏しくなってきています。このことは大きな問題をはらんでいると思います。小学校の教育だけでは解決できない量の、学校教育の何倍もの密度の功利的な言語経験を、子どもたちは学校の外でしているからです。

●——そういう状況のなかで、「事実をありのままに書きなさい」というやり方で子どもたちとかかわろうとすると、うまくいかない。書くには書くのですが、自分とは無縁の、実感に乏しいものが出てくることが多いのです。一人ひとりの子どもの抱える生活基盤は異なりますから、簡単にはくれませんが、全体的な印象を言いますと、ことばをちょっと借りてきたような、自分の事実を探しあぐねているというような気がします。

大岡——原始時代にまで話をさかのぼらせると、たとえば、熊ということばを発すると実際に熊が現れて危害を及ぼすというように、ある種の場合、言語と実体とが同一化されて考えられていました。そういう呪術的な段階から、ことばはことばとしてひとつの世界を形づくっているのだ、というとらえ方へ、人間の言語観は発達してきたのです。そういう歴史的な視点から見ると、ことばをことばとして楽しむというのは、高度に発達した段階だといえると思います。

ところが、それはひとつの表れとしてはことば遊びのようなものになりますから、大人の目から見ると、子どもっぽい、子どもだまし、ということになってしまう。ことばを遊べるということは、じつは大変なことなんだという認識が落っこちてしまうのです。子どもがことば遊びを楽しめるというのは、幼い子どもの頭が、人類が歴史のなかでたどってきた何千年かの時間を、わずか五〜六年のあいだに縮めてたどっていることなのだ、と言ってもいいかもしれない。

そういう意味でいえば、政治家の公約なんて、そのことばを発することで、まるでこの事実が実現するかのように装う呪術的なことばです。彼らのことばがそのまま事実を示している、そう信じて投票しても、当選すれば、ことばも事実もたちまち消えてしまう。それに比べれば、ひとつのことばからつぎつぎことばを生みだしていく遊びを楽しむということは、はるかに高級な、言語の本質にそくしたことです。

大人が、ことば遊びを喜んでやっている子どもたちを見て、「なんてばかばかしいことをやっているんだ。これじゃ将来、役にたたないぞ」と嘆くには当たりません。子どもは放っておいても、功利的なことばの使い手に育つのです。いま例にあげた公約を守らない政治家だって、子どものときには、ことばをことばとして楽しんでいた段階があったはずです。それが、「やります」と言いながら大ウソをつく、そんなことばの使い手にちゃあんと成熟していった……。額面とまったく違うことばをしゃべるなんてことは、ありとあらゆる大人が実践していることですから、教わらなくても身につくんですよ。そのことは当の大人自身がちゃんと証明しています。

むしろ、努力してでも伝えるべきことは、「ことばをもってことばを遊ぶ」という体験です。とくに、現代のように功利的な言語がすさまじい勢いで子どもたちのなかに入ってくる時代には、たいへん必要なことだと思います。その体験のなかに、どれくらい長くいられたか、期間が長ければ長いほど、その子が大人になって功利的なことばを使うときにも、いい状況が生まれる。それは、自分の使うことばを相対化する力がつく、ということです。自分がいま使っていることばはどういう性質のことばか、たまたま必要だから使っているのかどうか……を考えることができる。この、自己を相対化できる能力は、現代においてとくに重要な力のひとつだと思います。

ことばというのは伸縮自在の不思議なものだと思います。だから、学校の現場でも、ことば遊びの形式も活用できるし、また別の功利的なことばの支配する場では別のやり方でやることもできるというふうな、ある意味でしたたかな教師がたくさんいないと、これまた教師内部がパチンと二つに割れて、両方がいがみあうだけになってしまい、その犠牲者は子ども、ということになってしまいますね。

大人社会の言語の性格を照らしだす

大岡――たとえば、詩を書くとか、歌をつくるとかいうことは、子ども時代にことば遊びに没頭できた能力を、別のかたちでもう一回とり戻そうとしているのですね。フランスのある詩人が「詩を書くことは、たえず幼時期をとり戻すことだ」という意味のことを言っていますが、これは、詩の定義としてとてもわかりやすい、本質をついたもののひとつだと思います。

詩というものは、現実の何かを動かすといった効用はかならずしももちあわせていない。しかし、人間の能力の働かせ方のなかには、およそ効用がなさそうに見える行為、たとえばことばを目的にしてことばで遊ぶといったことが、ある解放的な力として働く場合があります。その解放的な働きかけは、ほかのものではできない、しかし詩ならできる、そういう心の領域があるのです。

詩人のなかには、詩というものは社会的な効用の問題とは絶対に関係ないと考える人もいますが、ぼくはちょっと考え方が違うのです。効用がなんにもないことを目的としているものでも、ある場に置かれると、たいへんな効用を発揮してしまうことがありうるのです。たとえば、精神の病気を治すためにことば遊びを使ったら、だんだん効果が出てきたとか……。

人間の社会生活が、いま、ずいぶんと範囲を限られてしまっている。ある人は会社のために意識的に働いている。ある人は自分自身の趣味に全力を投じている。それぞれ何なにのためにという効用で生きているわけでしょう。そういうところへ、とくに何のためという効用を外部に対してもたない、ことばがひたすらことばを目的として使われている作品をポーンと置くと、それはたいへん異質なものとして受けとめられますから、ある意味で強烈な反応が返ってくることが多いのです。

ことば遊びに多くの人が反発を感じる要素がありうると思うのは、そのことなんです。人びとの言語生活においては、〝効用〟ということが無意識のうちに強く働いている。それを突き崩してしまうからです。だから逆に言うと、効用という、いわば緊張関係で成立している意識に対して、その緊張をパッと横あいから解きほぐしてしまう効果がある。ことば遊びが一種異様な違和感や嫌悪感を大人社会に呼び起こすとすれば、そのこと自体が大人社会の言語というものの性格を、裏側から照らしだしているのです。

民衆のなかに無数にあった遊び歌

●——子どもたちはことば遊びを自然に受けとめていますが、子どもの遊びの世界には、そういうものが伝統的にあったように思うのですが……。

大岡——ことば遊びやナンセンスな歌などは、ずいぶん昔からあったようです。子守り歌には意味がよくわからない歌がありますし、遊び歌には、何かつながりがよくわからないけれど、子どもたちは違和感を感じずに覚えて歌っているというものがずいぶんある。そういう意味のつながらないものは、ことばのつながり具合が妙チクリンだからおもしろい、ナンセンスだからおもしろい、ということで伝わってきたのだと思います。

そういうものは昔から無数にあったと思うのですが、文字として記録されていないのです。昔は、ある人がおもしろいなあと思って書きとめる。あちこちで書きとめられたものを、だれかがひじょうな努力を払って編集して本にする。そのうちの少数のものが現在まで残ってきたわけですから、ごくごくわずかなものしか伝わっていないのです。だから、その時代に身を置いてみたら、ある人が書きとめたおもしろい歌の周辺には、同じような歌が無数に歌われていたのだろうと推察されます。

たとえば、いまでもテレビでタレントが突然へんなことを口走って、それが流行語になることがありますね。口伝えで広がってみんなおもしろがっているけれど、一年も経つとだれも覚えていない、なんていうことはよくあります。まあ、このごろはそういう種類のことばも記録されてしまいますが、基本的には口伝えではやされていて、そのうち消えてしまうものです。そういうことはいまに始まったことではなく、はるか以前からあったことだと思います。

ですから、文字として記録されているものには、意味を伝えているものが圧倒的に多いのですが、文字として残っているものだけが昔の人のことばだったのかといえば、それはとんでもない話で、その背後には、いまの人が聞いたらわけのわからないようなことばで歌われた歌がいっぱいあったはずです。

そういうものは、記録されているもののなかにも少しはあって、「梁塵秘抄《りょうじんひしょう》」や「神楽歌《かぐらうた》」そのほかのなかに見られます。平安時代の貴族のあいだに流行していた、当時の民謡をもとにして新しくつくられた歌曲類には、不思議なことばで、意味がわからないものもあります。なかにはエロティックな隠語を並べただけのものらしいと推定できるものもありますが、やはりそういうものは、代表的なものをひとつだけ取りあげて記録するのでしょう。記録する人はいちばんおもしろいものを選ぶでしょうし、記録するにはちょっと恥ずかしいから……などという理由ではずされたものもたくさんあるのではないでしょうか。

ことわざも詩歌のひとつ

●――『にほんご』には、「犬が西向きゃ尾は東」などの諺《ことわざ》を入れていますが、それはいまのお話とつながりがあるのでしょうか。

大岡――あれを入れるようにしたのはぼくなんですが、みんな驚いたらしいですね、「教科書にあんなバカバカしいものを入れていいのか」って。ぼくはなんの抵抗もなしに入れたのですが、共著者の安野光雅さんから「憑《つ》きものが落ちたような気がする」と言われたときには、〝えっ、安野さんでも……〟と、逆にぼくがびっくりしました。

「犬が西向きゃ尾は東」という諺が意味しているのは「あったりめえよ」ということですね。相手があまりにも当然のことを言ったとき、相手を笑いのめして「何をばかなことを言ってるの!」と伝えてあげる。間接的に笑いをもってたしなめているのです。諺の用途のひとつにはそういう役割があります。もちろん、いろいろな使い方がされますが、根本的には対人関係を円滑にするためにあると言ってもいいかもしれない。比喩的に言えば、諺をうんと教えることは、殴りあいをしないですむ人間関係をつくりだすということになります。

もっとも、いまの学校ではせいぜいが意味を教えるくらいですから、実際のことばとしては役にたたないでしょうね。諺は生きた関係のなかで学ばなければ、意味だけわかっても自分のものになりません。ことばはつねに流動しますから、同じ諺がいい意味と悪い意味の両方に使われることがある。ふだんのおしゃべりのなかで使えるようにしないと理解できないでしょう。ぼくは小さいとき、いたずらして、よくじいさん・ばあさんに叱られましたが、そのとき、諺を使うんですね。「これこれだから悪い」といった論理的にして明解な叱り方ではなく、謎かけのような感じでした。すぐに意味はわかりませんでしたが、不思議と頭の隅に残って、ときどきひょっこり頭をもたげてくる。そんなおもしろさがありましたね。

幸田露伴という偉い人がいますが、その人の文章に「圏外の歌」というのがあります。そこには、〝日本人がつくってきた詩歌には、「万葉集」とか「古今集」とかに収められているオーソドックスなものとは別に、民衆のなかで歌われてきたさまざまな詩がある。それらは、文学史の世界では扱いを受けないかもしれないが、詩歌の広い裾野を形成している、たいへん重要なものである。それは何かというと、たとえば、諺だとか、ものを覚えるための方便としてつくられた歌だとか、占いの歌だとか……〟というような内容が書かれています。

諺などは、一般民衆にとっては詩の一種として受けとられていた可能性がひじょうに高い。あるいは、ぼくなんか子どものころ覚えて便利だなと思った「西向く士《さむらい》、小の月」などという覚え歌。大の月、小の月というのをそうやって覚えてしまった。それから、漢字の覚え歌「爪にツメなし、瓜にツメあり」とか、天体の順番の「水金地火木土天海冥」なども、リズムをつけて唱えるとおもしろい。ぼくらがじいさんやばあさん、おふくろやおやじから教わったこういう類のものは、すべて詩の一種であると露伴さんは言っています。それは、ぼくがとても影響を受けた考え方なんです。

そういう意味でいうと、小学校の教科書によく載るような詩をいきなり教えるよりも、「西向くサムライ、小の月」のような、一見「変だなあ、なんだろう」と思わせる、しかし一度聞いたら忘れられない形にできあがっていることばの群れを教えたほうがいい、というのがぼくの考え方なのです。

そういうものが昔の生活のなかにはあたりまえのものとしてたくさんあった。それらを切り離してしまって、教科書用のスタイルをした、教科書用のことばづかいの、教科書用の効用のある文章しか教えないというのは、ずいぶん奇妙なことですね。それでは子どもたちが生きている世界のごくごく狭い部分にしか関係できない。わざわざ狭いところを選ぶのではなく、全体を背負いこんでしまったほうがいいと思います。教科書だけが子どもたちの読む本のすべてというわけではないのですから、ことばのルールというものは、こんなふうになっているんだ、ということを学べるようなことばの群れを、たくさん載せておくといい。ことばをことばとして味わって、そのなかから言語の構造の筋道を発見できるようなことばの群れを集めておくのが教科書の役割だと思います。

ことばを排除する管理社会

大岡——「諺」や「きまり文句」は、いま、ことばの教育から排除されているように思います。その立場の人からすれば「だれかがつくった、手アカにまみれているようなものを使うのではなく、自分だけのオリジナルなものの言い方を学ぶことが大切である」ということになるのでしょうが、それは少し違うと思います。諺やきまり文句をそれと知って使えるかどうかは、言語生活の幅を大きく左右することになると思います。

もうひとつ、諺が排除される背景には、現代社会の管理化が進んでいるということがありますね。管理の網の目がものすごく細かくなって、すべてをそのなかに位置づけようとしている。管理する側にしてみれば、できるだけ単一の様式や価値観になっているほうがやりやすいですから、一筋縄ではいかないような多義性をもっているものを異端として排除しようとする。それと同じことがことばの世界にもあって、多義性のある諺などを排除しようとしているのだと思います。

ぼくは学校で諺などをまとめて習ったことはありませんが、講談本の世界でふんだんに接していました。いま使っていることばとは違う不思議なことばだけれど、なんとなく調子がよくてすぐに覚えてしまう。たしかに、諺やきまり文句はなくても言語生活は営めますし、大げさな表現です。しかし、無駄がなくなって一面的になるというのは危険なことで、窮屈でせっぱつまった雰囲気をつくりだしてしまう。それが現代の管理社会化とあいまって、子どもたちに「ことばとは、なんて息苦しいものなんだろう」という印象を与えている側面があると思います。諺やきまり文句は、無駄な空間をつくって、せっぱつまった空気をやわらげるでしょう。

子どもたちに「これを知っているととても便利なことがある。でも、あまり使いすぎると笑われることもあるよ」と教えれば、子どもの心に余裕が生まれて、きまり文句や諺で自由に遊べるようになる。意味がわからなくても、調子のいいことばですから、子どもはどんどん覚えてしまいますよ。

●——諺だけではなく、民話などもさまざまな読み方ができるのではないでしょうか。

大岡——「お伽草子《とぎぞうし》」などは多義性が豊富にあります。悪いやつがとても気だてがよかったり、善良そうな人間がじつはずる賢かったり……。酒呑童子《しゅてんどうじ》なんていうのは極悪非道の鬼なんですが、源頼光に謀られて殺されるとき、悲しい顔をして「鬼神に横道なし」と言う。つまり、「おれは鬼としてまともに生きていただけなのに、おまえは山伏の姿をしてやってきて、だまして酒を飲ませて殺すようなよこしまなやつだ」と。お姫さまを何人も食ってしまうような悪いやつが「鬼としてまともに生きていただけだ」なんて言う。いままで、お姫さまの首をちぎり、手足を食いちらかしてきた酒呑童子のことを「この悪魔め」と思っていたのが、「鬼神に横道なし」と言われれば、話を聞いたり読んだりしている人たちは、ハッとして、ある種のカタルシスを感じたのではないでしょうか。少なくともぼくはそうでしたね。感動さえしました。

「お伽草子」のセオリーには、一方が善で一方が悪という原理はない。すべて悪を営むやつも天然自然の法則によっているのであって、その心情には感じるところがある。泥棒にも三分の理があるのだ、という原理が貫かれているのです。この考え方は物語の世界だけでなく、社会生活の原理として人びとのなかにあたりまえのものとしてあったと思うのです。そういう多義的なものを単純素朴に解釈してしまって、この人はよくて、この人は悪いといった人間観・価値観ができあがってしまっている。

いまの日本には、世界像をずいぶん単純化して考えている若者がたくさん育ってしまっていますが、その責任の一端は、答えはつねにひとつであり、多義的な解釈を許さないという戦後の受験教育にあると思いますね。世界はあいまいで多義的であるというふくみが忘れられると、どうにも息苦しい社会がそこに現出してしまいます。ことばは多義的であるということを、具体的なかたちで伝えたいというのが、ぼくらが主張してきたことのひとつなんです。

2 ことばと事物の対応とは

正確な表現とはなにか

日本の国語教育を、戦前から今日まで見てみますと、その教材として扱われてきた作品は、主として自然主義的なもの、現実主義的なものが多かった。そして、空想的なもの、幻想的な作品は、あまり取りあげられてこなかった。これは、子どもたちのことばの世界を狭めることになるのではないかと思います。しかし、空想的なもの、幻想的なものは、ことばそのもののおもしろさに触れ、イメージ豊かに味わえる反面、ことばの意味を正確に規定しにくい、あるいは解釈が多義的になるという側面をたしかにもっているとも思います。それが、教材としてあまり取りあげられてこなかった理由のひとつではないかと思います。そこで、ことばの意味ということを中心に、少しお話をうかがいたいと思います。

大岡――ことばにはひとつの重要な要素として、何かを指して示す指示機能があります。〝事実を事実として正確に表現する〟ということがどういうことなのか、少し考えてみる必要があると思います。その問題がいま、大きく制度の問題にまでなってしまっていて、ことばの教育を混乱させているように感じるのです。

現実主義的な作品が教材として評価され、ファンタジックなものが遠ざけられるという背景には、「〝ことばによって指示されているもの〟と〝指示していることば〟とのあいだには厳密な対応関係がなければならない、それでないと、ことばとしての働きが不完全だ」という考え方があるように思います。あることばは、それが指示しているあるものと過不足なく対応しているべきで、それについての合理的な説明もかならずできるはずだ、という考え方ですね。

しかし、ことばというものは、じつはもの自体を表現しているのではないのです。そこには、幻想が働いている。

たとえば、「ぶどう」と言った場合、そのことばは、たまたまぼくの目のまえに置かれている粒の小さなぶどうをも、巨峰という大粒のぶどうをも、平等共通に指してしまうわけですね。「ぶどう」ということばは、それに正確に対応するもの、これしか対応するものがないというものを規定することはできないのです。「ぶどう」ということばをある子が作文に書いたとして、それを読んだ同級生の子どもたちが、その子と同じぶどうを思い浮かべることは絶対ありえないのですが、ありえないという前提に立って、お互いに「ぶどう」のイメージを思い描いて納得する。ことばのそういう性質についての了解を、私たちは早いうちからもっています。

「ぶどう」ということばを媒介にして、それぞれの子どもが頭のなかにさまざまなぶどうを思い描く。そこのところにまた楽しみがあるのですが、それを無視して、「この作者が書いているぶどうは、甲州のなんとかというところでできた、なんとかというぶどうなんですよ。それと違うぶどうを思い浮かべたら、この物語はまちがって理解してしまうのですよ」というふうに教えようとすることが、いまの国語教育をおかしな方向に進ませているのではないでしょうか。

この問題は、大学の入学試験にまで、そのままつながっていると思います。ある問いに対しては、絶対にあるひとつの答えしかありえないというふうになっていて、それがパニック状態をつくりだしていますね。幅のある答えをしたらまちがいにされる。

ところが、ことばというものは最初から幅をもったものなんです。設問の仕方が、論理的に唯一の答えしかないようなかたちでできているならいいのですが、論理でなく感性にかかわるような問いの場合、問題が出てきます。それを無理に狭いところに閉じこめようとしているのですね。たとえば、ある文章を取りあげて、「作者はこのとき、どんなことを考えてこう書いたのでしょうか」

などと問う。しかも、それをやっている人は、困ったことに善意に満ちてやっているから、まちがった前提から出発してまちがったことを教えていることに気がつかない。

ことばというのは、基本的には意味を表していますから、「ぶどう」ということばが表している概念は何かということを教えることは大切なことです。しかし、ただ「ぶどう」とあるだけのときに、それが諸般の条件から推して甲州のなんとかぶどうのことでなければならないとし、それだけが正解であると主張したら、おかしなことだと思います。もちろん、研究者のあいだでまさにそれが問題になっているようなときなら、話は別ですが。

ことばが生命力をもつ背景

大岡——ぼくは大学の教師になってから二十年近くになりますが、国語の試験問題をつくり、その採点もしてきました。ぼくの基本方針は、特別の受験技術なしでも答えられる問題を、ということですが、それでもおのずと問題に難易が生じてしまいます。問題がやさしくなったときは、平均点がぐんと上がりますが、いまの学生は二十年近くまえの学生からくらべると、かりに同じ問題を出したとして、平均点が数点も上がるかもしれませんね。

それはまあ、一般に学力が高くなったということで喜ばしいことなんですが、入学後に作文を書かせてみると、これがあまりおもしろくない。どの学生も同じような作文を書くんですよ。昔は作文を書かせると、風変わりなものの見方をもっている学生がいまより多くいて、おもしろかった。ある学生は哲学の本ばかり読んでいるとか、社会科学の本ばかり読んでいるとか、文学の本ばかり読んでいるとか……。ひとつの問題についても接近する角度が違うから、しゃべりだすと活発な議論になった。いまはあまり議論になりません。

まあ、ぼくも二十年近くまえはそれだけ若かったから、学生ももっと話しやすかったのかな、と反省するのですが、作文を書かせてみると、どうもそれだけではなさそうです。

ものを書くということは、たしかに、ことばを組みあわせて文章をつくるという行為ですが、ことばが紙の上に定着する直前までは、もっといろいろな要素を背負っているのです。

文章というのは、ひじょうに広大な、ありとあらゆるものに取りまかれている小さな島であって、その人間の生活や思考や好み……などのすべてがそこにかかわっている。ですから、その〝文章の小島〟のなかにあるものだけを子どもたちに教え、それから得られたものについて感想を書かせるというようなことをやっていたら、縮小再生産の道をたどるしかないと思うんですね。そうではなく、ひとつの文章が存在しているのは、その文章の外にあるもの、取りまかれているものによって支えられているからなのだ、という思想でないとだめだと思います。

たとえば、いわゆる名文を読ませておけば、それで事足りるという考えがあるとしたら、国語教育としては片手落ちでしょう。名文はしかるべき生かされ方をしてこそ名文になるので、はじめから「名文」であるような文章はないのです。作者と読者とのあいだに、いきいきした交流を生まないような「名文」は、形式的名文ではあっても、力は失っているのです。

昔の生活綴方運動は、そういうお仕着せ教育のマイナスを克服しようとして、身のまわりの生活のことから書こうという改革運動だったと思います。それはそれで大きな意味をもったと思うのですが、これもやはり行き詰まってしまった。思ったように書きなさいとか、生活のなかの実感をそのまま書きなさいとか言われても、子どもは困ってしまうからです。

つまり、生活のなかから文章を引きずりだしてくる場合、その接点をどうつかみとるか、そこがいちばんの問題で、そのコツというか筋道を教えられないと、子どもはどう始めていいかわからないのです。さっきのたとえでいうと、文章という小島と、そのまわりにある大海とのあいだをどのように行き来するか、その方法をさぐることが、文章を書くということの始まりになるのではないでしょうか。

いま学校で教えられていることの重大な欠点は、取りまいている大海のことはとにかく棚上げしておいて、小島の構造だけを、できるだけ詳しく教えている。この島の道路はどのように建設されていて、その交通規則にはどんなことがあるか……。これを覚えこまないと、受験戦争で勝てないというわけ。しかし、文章がおもしろいと思えない子どもに文法のようなことだけを教えても、それは文章を書かせる取っかかりにはなりませんから、そういう先生に教えられてきた学生たちは、試験の答案ではいい点をとれても、「君の意見を言ってみなさい」と言われると、ハタと困ってしまう……。

ことばが飛び出してくる瞬間

大岡――文章を書くということにしても、ことばをしゃべるということにしても、ことばが形をとって現れ出る瞬間には、それらはことばになっていない気分とか意欲とかの大群に取りまかれている。あることばはそういうものをぐうっと押しのけて、飛び出してきたわけです。けっして、ことばだけがすんなりと存在していたわけではない。

ですから、さきほどのことばの小島とまわりを囲む大海との接点を考えるとき、ことばが何かを押しのけて飛び出してきたということを、いかに実感として伝えるかということがテーマになってくるのではないでしょうか。たとえば、引っこみ思案でなかなかしゃべれなかった子が、何かをきっかけにして、やっとしゃべれたという体験……。これは鮮烈なイメージとしてその子のなかに焼きつくと思うのですが、それがものを書くということになるのだよ、ということを伝えてあげることが先生の役割のひとつでしょうね。

辞書にあるときにはペタッとしているだけのことばが、ある子が辞書から拾い出してきて使ったとき、広大な海から飛び出してきた一尾のトビウオのように光っている。ことばが何かを押しのけて出てくる、その瞬間にはかならず、緊張と解放の合わさった快感があったはずだし、ある満足感があったはずですね。その快感がことばを生みだす喜びに変わっていく。解放感が、創造する喜びに変わっていく。そこのところが、いまの学校教育のなかではっきりと突きつめられていないように感じますね。

書くということは、まさに子どもを産むのと同じ要素があると思います。ある意味でエロスと関係のある、セクシュアルなものだと思います、ぼくは。ある狭いところを通過して、外へポンと飛び出る。狭いところを通過するその瞬間はひじょうに苦しいけれど、それを通り抜けたときに、すばらしい快感が生まれる。だからこそ言語の問題は、人体の生理の問題と密接にかかわっていると思うんです。

ぼくが「読む・書く」ことよりも、「話す・書く」ことのほうが基本だと言うのも、やはり人間の生理の問題とかかわって考えているからです。母親の胎内にいるときに、赤ちゃんはお母さんのしゃべることばを赤ちゃんなりの感じ方で聞いていると思うのです。ある成長段階に達した胎児は、胎内に反響している母親の言語行為を感じているはずですから、母親のことばが子どもの言語形成体験の根になるだろうと考えるのです。もちろん、赤ちゃんには理性的な判断はまだないはずですから、本当の意味で聞いていることになるかどうかはわかりませんが、ちょうど雨だれの音を聞くともなしに聞いているという状態なのではないでしょうか。ある子は芝生にあたる雨だれの音を、ある子は固いコンクリートにあたる音を、ある子はワラ屋根にあたる音を……。そういうかたちで母親のことばは伝わっていく。

そういう意味でいうと、子どもへのことばの教育は、むしろ母親や父親に対する教育が基本になるということができます。学校に入るまえに、「読む・書く」は別にして、「話す・聞く」ことばの教育を、意識する・しないにかかわらず、親がやっているわけですから。いまのことばの教育の混乱の責任を学校の先生だけに負わせるのは明らかにまちがいです。子どもに教育しなければならないことは親がちゃんと責任を負わなければならない。もっとも、親の責任放棄に起因したことばの問題を抱えている子がいたとして、学校の先生が、それは自分に責任がないから関係ないと切り捨てていいということにはなりませんが……。

朗読することの意味をめぐって

●――子どもたちが、ある文章や作品と印象的に出会えるようにと思っていろいろ工夫しているのですが、たとえば、いまの「話す・聞く」というお話にかかわっていえば、最初に作品を心をこめて朗読してやるのです。子どもたちのそれまでの言語経験にないようなものをぶつけてやりたいと思う。すると、「それは教師の主観を押しつけることになるから、やめたほうがいい」という声が教師仲間から飛んでくることがあります。

大岡――えっ、本当ですか?　そこには、先生というものがなんでも模範になるのだという考え方がまずあるんでしょうね。先生の読み方が教室における規範をつくって、それ以外を許さなくなる。すごいですねえ、びっくりします。

朗読について、その考え方が基本的にまちがっていると思うのは、人間というのは一人として同じしゃべり方をする人間はいないという考えが、そこから抜け落ちているということです。朗読することで主観を無理に押しつけるのはよくないという考えは、先生が主観を押しつけることは可能だという考えを無意識に前提にしていますね。しかし、それが可能なら、究極、子どもは同じ声、同じことばでしゃべらなければならなくなる。理論的につきつめると、そうなってしまいます。しかし、私たちは経験によって、そんなことはありえないことを知っています。先生の朗読は、生徒にひとつの正しいキッカケをつくってやるためのものだと考えるべきでしょう。

先生がある作品を朗読したとき、それを聞いた五十人の子どもたちは五十通りの受けとり方をしているはずです。子どもたちが一斉に先生と同じような朗読をするというのは、戦争中のようにそう読まなければひっぱたかれるという恐怖政治でもしかない限りありえないことです。朗読が押しつけになると主張している人がそのことを知っていて言うのなら、これは巧妙な理屈のねじまげだと言わなければなりませんね。

子どもたちは、先生の読み方では承服できなくなって、部分的にはとり入れながら、まったく別の読み方を発明していくでしょう。先生の朗読がきっかけとなって、自分で発明していく。それはむずかしいことではないのです。なぜなら、私たちは日常茶飯事のこととして、どんなしゃべり方なら悲しく感じるのかとか、楽しくなるのかとかを知っているからです。それを朗読のなかで生かせばいい。あまり朗読ということをむずかしく考えないほうがいいですね。先生がお手本を示すときも、俳優が読むようなものではなく、ふだんのおしゃべりから発明したほうがいいと思います。

●──朗読してやるなどということは、生徒たちに教師の主観を押しつけることだという考えがあって、しかも、そういう考えが今日の国語教育の主流になっている感がある。ことばが客観的に意味するところだけを徹底的にやるべきだというわけです。たとえば、そうした考えにもとづいた授業のやり方というのは、一行一行の文章をたどり、客観的にこの文章の意味することはこうだと教えながら進めていく。

大岡——そこから連想するのは、受験のプロを育てている姿ですね。試験は短時間でやらなければならないから、文章の一部を見るだけで、設問に適切に答えるための勘を磨いている姿。そのときに磨かれる勘というのは、文章全体が伝えている思想とはなんの関係もない。

たとえば、一編の詩を文法知識の試験の道具にしてしまうことがありえますね。詩は死体となって解剖されていく。ここに腎臓があります。ここには肝臓があります。この血管は病気になっています……などということをノートにつけていくやり方であって、生きているものを殺して、解剖結果を示して、これが人間です、と言っているようなものです。人間と同じように、ことばも生体なのですから、それをひたすら解剖していけば、見えてくるものより、かえって見えなくなるもののほうが多いと思います。学者や先生が研究のためにやるのならいいでしょうが、子どもたちには害のほうが多いと思いますね。

●——まず、ことばの意味をしっかりと一つひとつ学んでいく。そうして得たことばによって子どもたちが各自、感じたことを書く。そうすることが子どもたちを主体的にするのだという考えがあるのです。そう言われると、一般の人たちでも「なるほどそうですね」と簡単にうなずいてしまうような傾向もあると思うのです。ですから、朗読などしてやるのは、子どもたちを受け身にするだけだという考え方は説得力をもったものとして教師たちのあいだに受け入れられているのです。

大岡——主体的であることがいいというのでしょうが、客体になるおもしろさもある。

朗読するということは、ある人が、その人のもつある傾きをもって文章を音声にすることですが、当然、子どもたちはそのことを了解している。その読み方だけがすべてであると強引に強制されれば別ですが、たとえば、東北弁の混じった朗読がなされたとしたら、東京の子たちは、自分たちのことばに翻案し、そして、自分のなかで自分なりの傾きに変えていく心の働きをもっているはずです。

そのとき、子どもたちはけっして受け身的になってはいないと思います。たしかに朗読しているときは教師が主体の役割を果たしていますが、その役割を入れ替えてもいいわけではありませんか。先生がいつも教える側で、生徒はいつも教わる側であるというふうに固定して考えるのはおかしいのです。私などは、子どもから大人が教わることのほうがむしろ多いはずだと思います。それがそうなっていないとすれば、大人が柔らかい心と進歩の可能性をそのぶんだけ失っているからではないでしょうか。

「どもりのハーモニー」とはなにか

●――新美南吉の「赤いろうそく」という作品があります。猿が赤いろうそくを花火だと思いこんで、山に持ってきて、動物たちに見せる……という内容ですが、ぼくはこれを十場面ぐらいの紙芝居にしてしまいます。そして、作品を一回、通読したあと、紙芝居をバラバラにして子どもたちに順番を当てさせたりするのですが、子どもたちはたいへん喜びます。ところが、そういう方法は教師からあまりもてない。やはり、ことばを追いかけて、「猿はどうしましたか」「赤いろうそくを花火だと思いました」「それはなぜですか」「赤いろうそくはそうたくさんあるものではないからです」といったようなことをやることが、ことばに即して内容を読みとることだと言われてしまうわけです。

大岡――そういうことばかりやっていると、先生は、自分の言うことに興味をもてない子どもたちをまえにして、教壇上で独白するだけになると思いますよ。先生方がノイローゼにならなければいいと思いますが……。

●――もうひとつ「赤いろうそく」でおもしろかったのは、「なにしろ花火などというものは、しかにしても、いのししにしても、うさぎにしても、たぬきにしても、……にしても、まだ一度も見たことがありません」というような文章のところを、ものすごい早口で読んだときでした。そして、そのなかに「猿」をもぐりこませるんです。猿が入ったらおかしいですから、子どもたちはエッ？ という顔をしますが、何回やってもわざとまちがえますから、そのうちそれを期待するようになります。でも最後は、まちがえないでバチッと読んでやる。こういうふざけをやるんです。それから、「まだ一度も」というところでは、「まだいちッ」と言ってから、じーっと息を殺して黙ってしまう。すると、待ちきれなくなった子どもたちが「ども」と言いだすわけです。子どもたちはおもしろがって、じつにいきいきしてくるのです。

大岡――読みにさまざまな変化をつけるということは、作者が作品を書いているときの心理状態に近づいていくことになると思いますね。作者というものは、書いているときには、消したり、つけ加えたりをたえずしていますから、それを読みに移していえば、どもっている状態です。どもることが大事なんです。詰まっていたのが、あっというまに通じて先へ進む。変なところがあると、また立ち止まって考える。それはしゃべることでいえば、どもることなんです。

友人の音楽家の武満徹に、「どもりはあともどりではない」という有名なせりふがあります。ベートーベンの「運命」のダダダ、ダーンというのは、あれはどもりだという説です。たしかに、ダーンではなく、ダダダ、ダーンとどもったほうが力強い音楽になっている。ことばをしゃべるうえでも、どもることはよろしくない、まちがいなくスラスラ読めるのがいい読み方です、という教え方に対して、彼はとんでもないと言っているのです。この考え方にぼくは賛成ですね。

つまり、ものを創りだすとき、人間はすごいスピードでエネルギーをわっと出すときと、ある瞬間にぱっと止まってエネルギーを溜める過程とが交互にあります。呼吸と同じで、吸ったら吐かなければならないし、吐いたら吸わなければならない。どちらか一方だったら、死んでしまう。だから、どもるということは生命的な現象だといえます。

ところが、「猿はどうしましたか」などということを、いちいち文章に即して整然と、誤りなく復唱させるようなことをしていたら、どもる余地がありません。味もそっけもないものになる。ある指導者が大勢の人に自分の言うことを一斉に復唱させようとする場面には具合のいいことかもしれませんが、一人ひとりが意志をもっている集団でそんなことになったら、それは一種の静かな発狂といえるでしょう。

生命的な意味からいうと、一人ひとりのリズムが少しずつ違っていて、それでいて全体の調和がとれているという状態がいちばん歓迎すべき状態でしょうね。硬直したハーモニーと、どもりのハーモニーと両方あるのですが、日本人はそこをわりとうまくやってきたはずなのです。たとえば、日本音楽にはドレミファソラシドのようなきちんとした音階はなく、むしろはずれる寸前、すれすれのあやういバランスのほうを大切にしてきた。能の謡《うたい》などでも、けっして西洋音楽のような一糸乱れぬ整然たる進行が最高の出来というわけではない。謡にも鼓や笛にも、一人ひとりの演奏者の肉体の呼吸の微妙な違いを、むしろ生かしたかたちでのハーモニーがある。各自の演奏の始まりや終わりが、一斉にそろうということは、あまり重要な問題ではないようです。ごく微妙なズレが、いい効果を生みだすというのです。

それは音楽にかぎらず、重要な人生哲学ではないでしょうか。みんなが少しずつズレているからおもしろい。一斉に始まって一斉に終わるというのは、これはもう、冷静に狂っているとしか言いようがありません。生きているということは、「おれ、くたびれたから、ちょっとだけサボらせてもらうよ」とか、みんながわあっと熱中しているときに「腹へった」と言うやつがいるとかで、うまく成り立っているのではないでしょうか。

学校教育の場も、成長期の子どもが集まっているところですから、それぞれの個はそれこそ千差万別の状態にあると思います。ですから、たとえ共通のものを教えても、出てくる答えが違うのは当然であって、もし同じ答えが全部から返ってきたら、これはおかしい。それを、同じでなければならないという教え方をするから、子どもたちに無理が生じるのです。人間を扱っているわけですから、人間対人間の問題として、学校教育の哲学として、そのことを押さえておいたほうがいいのではないでしょうか。

ことばが生きかえるとき

●——子どもの作文に、勢いよく書いたあまり、句点がないものがよくあるのですが、それを読むときは、息つぎをしないで読んでいって、「窒息する」と言って、バタンと倒れてしまうんですが、そういうことを本当に子どもたちは喜びますね。

大岡——子どもたちは、「あ、いま先生はひとつの役割を演じて遊んでいるな」ということを了解しているんです。子どもたちもいっしょになって遊んでいるのです。「赤いろうそく」のなかで、「一度も」の「いち」で止まってしまったことも、そういう役を演じていることを承知して、子どもたちも楽しんでいる。もしそのことがわからなかったら、子どもたちは青くなって一斉に立ちあがりますよ。先生の心臓が止まってしまったんではないか、と思って。

ことばには意味を表すという役割がありますから、その点だけに神経質に固執すると、ある文章のなかにあるひとつのことばには、ひとつの普遍的に正しい解釈が存在する、それを子どもに叩きこめ、ということになってしまいます。しかし、ことばというものは基本的にそういうものではないんです。同じ単語が人によって違う意味にも使われる。じつは、それがことばのすぐれた本質を形づくっているのです。それがあるから、あることばが突然、思いもよらない結びつき方で別のことばと手をつなぐことができる。そこに、いままで未知だった新しい意味が生まれる。もし、こういうことばの若返りがなかったなら、私たちの書くものからは、死んだような文章しか生まれないでしょう。

ふつうは考えられないようなことばの結びつきから、絶妙の表現が生みだされることがあります。とくに俳句とか短歌のような短詩型文学では、それがなければおもしろくありません。

たとえば、飯田蛇笏《だこつ》の句に、

　　をりとりて　はらりとおもき　すすきかな

というのがあります。これは最初、漢字まじりだったのですが、改作されてひらがな表記になった。この〝はらりとおもき〟というのが眼目ですが、ちょっと思いつかない表現です。〝はらり〟と〝重い〟ということばは普通は結びつきません。それを結びつけてしまったときに、蛇笏、生涯の名句が生まれた。

いまの学校で大きな力をもっている考え方からすると、「重さに〝はらり〟なんていうのがあるか」ということにもなりかねませんが、たしかに、すすきははらりと重いんですよ。すすきの穂が充実して、ちょうど垂れかかるとき、もっと枯れてしまうとダメですが、はじめは締まっていた金色のすすきがすうっと垂れたとき、折って手にもつと、はらりと重いんです、明らかに。

ことばの必然性をちゃんと踏みながら、同時に、いまだかつてだれも結びつけたことのないような結びつけ方で、ある単語とある単語を結びつけた人がいたら、かりにひとつの作品しか残さなかったとしても、これはすごい人だとぼくは思います。

ところが、いまの教育では、そういうものはむしろ排除されていく傾向にありますね。「重い」に対応する形容詞の幅が限定されてしまって、そこからはずれたものは、子どもの文章としては適当ではないとされてしまう。本当は、文章に子どもも大人もありはしないのです。

ただし、これは大切だからおおいに強調しますが、子どもはことばのルールをまだよく知りませんから、それを徹底して教えることは必要です。文法ももちろん大事です。しかし、基本さえきちんと押さえておけば、そのルールをどう運用するかは、子どもの主体性にまかせてしまったほうがいい場合が、意外なほど多いと思います。子どもの本来もっている力を信用していいと思いますよ。

3

文章をどのように読むか

こんどは文章を読みとることについて、いくつかの角度から考えていきたいと思います。

全体と部分をどう考えるか

文章を書くことでも同じだとは思いますが、ことばにはつねに二面性があって、主観的に読み、書いていく部分と、ことばそのものの客観性に縛られる部分とがある。それがないまぜになってことばはつくられているのではないかと思いますが、現在の国語教育のなかでは、どうもそのことが極端に分かれてしまっている。部分から読んでいくか、全体をまず読むか……。主観的に読むか、客観的に読むか……。それが組み合わさって、さまざまな読みの方法の立場に分かれているのです。

主観的に読むというのは、作品に描かれていることは何かということから離れて、それを素材にして子どもたちが勝手なイメージで討論する。そうすると、教室は活発になりますが、書かれている事柄についての検討はおろそかになります。極端なときは、「子どもたちがたくさん批判できるような中身の悪い作品ほどいい作品だ。文章を批判的に読める子どもを育てることが大切だ」という主張が強くなされたときすらありました。たとえば、「さびたナイフ」という作品があるのですが、そのナイフというのは、ナチスへのレジスタンスのなかで捕虜になったパパが、それを隠し持っていたがために命が助かって、自分たちの村を解放できた。そういうナイフなのですが、まず題目について豊かなイメージを広げる、ということで自由に議論を始めるのです。すると、「いったいそのナイフは切れるのか切れないのか」といった議論が始まって、それに熱中する可能性すらある。

そういう読み方が全国を風靡《ふうび》した時期があって、それを批判して、ことばを事柄と対応して読みとって、イメージを描くことを大切にしようという立場の読み方が主張された。客観的に読むという立場ですが、作品が描いていることを正確に読みとろうとする。ところが、それも極端になって、ことばはすべて客観的に規定できるというふうに、逆の方向に揺れていく。ひとつの文学作品を徹底して分析的に読んでいく。時間をたっぷりとかけて、主題は何か、主題にかかわる理想とは……と分析して、完璧に読みとろうとする。その分析の道具にするのが文法の知識なのですが、へたをすると枝葉末節のところで作品をいじりまわすことにもなってしまう。これも袋小路に入ってしまっているのです。

それから、もうひとつ困ったことは、教材として取りあげる作品の評価基準を、いまあげたような読みとりの方法に適するかどうかに置いてしまったことです。そのために教材の幅がうんと狭くなってしまった。笑いのある作品、空想的なファンタジーなどは取りあげられない。子どもたちが感動するか、おもしろがるかということはどこかに行ってしまった。つまり、教材として取りあげられるのは自然主義的なリアリズム文学が多くなってしまったのです。それで、時代とともに子どもたちの現実とズレが生じてきてしまっているように思います。

こういうような日本語を教える側の研究の停滞が、子どもの心に作品を届かせなくし、子どもを日本語嫌い、文章嫌いにさせているのかもしれません。

大岡――題目から分析して、そのあとも一語一語たどっていき、そこから勝手にイメージしていく読みの方法があるという話は以前にも聞いたことがあるのですが、ぼくは本当にびっくりしてしまいました。そのときは、最初から最後まで全体を読んでから、また戻ってくるやり方と、いきなり一語一語を分析的に読んでいくやり方の二種類あると聞いたんですが、実例を聞くと、もっとすさまじいですね。それでやられたら、ぼくは最初から落第だな。

子どもというのは、物事を全体的にしか把握できない存在なんです。全体の肌ざわりというか、何かとっかかりをもてないと、物事にかかわれない。部分を分析していくのは、そのとっかかりのうえでしか始められないのです。大人は部分を分析していくことから全体をつかむこともできますが、それは子どもの方法ではないと思います。

それに、そんなふうに部分、部分しか読んでいかないというのでは、たいていの文学作品を読むのに大変な時間がかかりますね。読むというのはある種のスピードが必要なことですから、そんなに遅くやったら、子どもたちは飽きてしまうでしょう。まったくテンポが合わない。その方法で読めるのはごく短いものだけですね。

作家というのは、文のなかにかならず仕掛けをするものですが、はぐらかしとか、表向きとは反対のことが隠されていたりとかの、さまざまな落とし穴がある。それを読者は楽しんで読んでいくのです。部分をたどっていくやり方では、つぎつぎに出てくる落とし穴はかえって見えなくなってしまう。全体のつながりのなかで落とし穴が仕掛けられているわけですから、全体の見通しがあってはじめて楽しめるものなのです。

手さぐりで読みすすむ

大岡――『紀貫之』という本を十数年前に筑摩書房から出したのですが、そのときに貫之の歌を全編、読みました。その話を引きあいにして、ぼくの読みの体験を話したいと思います。

これは「日本詩人選」というシリーズの一冊として引き受けたのですが、そのときは正直言って「損な詩人を受けもたされたなあ。柿本人磨呂とか芭蕉とかのほうがいいのになあ」なんて思ったものです。それまでの貫之および彼に代表される「古今集」に対する評価は、へたな歌人、くだらぬ歌集というのが一般的でしたからね。正岡子規がそう定義づけて、子規は尊敬されていましたから、その評価が定着してしまい、読まず嫌いが多かったのです。ぼくもそうだったわけです。

ほかの仕事が忙しくてその本を書きあげるのに三年かかってしまいましたが、ぼくみたいな怠け者にとってありがたかったのは、貫之についての研究書がごく少なかったことです。明治時代に腐されてしまっていますから、研究する人があまりいなかった。おかげでぼくは貫之の原作さえ読んでいけばよかったので、おおいに助かりました。それで「朝日古典選書」のなかの『土佐日記』という一冊（これは「土佐日記」だけでなく、貫之の歌がぜんぶ入っている全作品集なんです）を、三年間、折りにふれて読んでいました。

読んでいるときの頭の状態を考えると、けっして分析的には働いていない。一冊の本のなかにいる貫之の全体に触れようとしている。肌身に触れて感じられるようになるために、慣れ親しもうとしているのです。とにかく最初は、くり返し読んでいるうちに感じが伝わってくればいいやと思って、ひっかかるところや疑問のところもそのままにして読んでいく。

そうやって二度目に読んでいるときでしたが、途中でふっと気がついたことがある。どんな作家にも好みの材料というのがあるのですが、貫之は花や月その他を歌うとき、しばしば水などに映ったそのものの形を歌っていることに気がついたのです。水辺のかがり火が水底の砂の上で揺らめいたり、水中の岩が紅葉しているかのように見える。直接に紅葉を見あげて歌うのが普通の詩人のやり方ですが、貫之は屈折した表現の方法をとっている。このことはだれも指摘していなかったことですが、おそらく、一首一首、分析的に読んでいってもわからなかったでしょう。貫之の歌全体が主張していることですから。ずうっと通して読んでいくと、もやもやとした思いが湧いてきて渦を巻きはじめる。二度目に読むと、あっと思うくらいそのことがはっきりと浮き立ってきたのです。

貫之は、そういうものの見方を方法として駆使して、ものを表現しようとした。貫之の全体を肌身に触れようとしているうちに、貫之の眼の特性といったものが伝わってきたのです。そこから、彼はなぜその見方を方法としておもしろいと思ったのかと考えはじめるわけです。つまり、分析が始まる。実物を見るよりも、鏡に映ったもの、水に映されたものを把握しようとしたのはなぜか……。万葉時代の人たちは、自分の思いをそのまま歌っていたのに、それが明らかに変化したわけです。ことばについてもう少し内省的になってきて、「私はこれが好きです」といきなり言わないで、何かのものに託して語るようなやり方になったといえる。それが二つの時代のことばの使い方の基本的な違いなのですが、それを貫之の歌は象徴していたのです。

そのことを本のなかで貫之の特質のひとつとして強調したのですが、さいわい読売文学賞をもらったりしたこともあって、本もあるていど売れたものですから、貫之や「古今集」に対する評価が変わってくるうえで多少の貢献をしたのではないかと自負しています。たんなる貴族の遊蕩《ゆうとう》文学みたいに片付けられていたのが、日本語の生理や構造などを考えるうえで、なくてはならないものとされるようになったと思います。

読みの問題に戻りますが、最初、貫之という人はどんな人かなと読んでいくときは、いわば手さぐり状態です。しかし、闇のなかを手さぐりで進むとき、手は敏感になる。明るいところにいるとき、手はぶらぶらとしていて、何かに触れても感じないようなところがある。闇のなかになると、ほんの小さな綿きれひとつにさわってもびくっとするくらいになる。それは手の感覚が敏感になっただけではなく、心も敏感になったからだと思うのです。手先に触れるとただちに心の現象となる。

そんなふうに読んでいくと、作者の感受性や論理のある部分で、どうしても受け入れ難いところ、ざらざらした変な感じのするところに気づく。それがいわば、その人とぼくとの違いですから、それを発見することによって相手に対して客観的な立場をとれることになる。そこから、分析し、批評するということが始まると思うのです。

読む力をつけるには

●――主観的に読むという主張の背景には、自分の主観によってイメージをふくらませることが主体性を育てることになるという発想があるのですが、文章における主体的な読み方というのが、かりにあるとすれば、それはどういうことなのでしょうか。

大岡――まず考えなければならないことは、読み方というのは人それぞれ違うし、文章の種類によっても違うのです。どんな文章にも共通の読み方など存在しないのです。そういう意味からいえば、文章の内容によって読み方を変えられるということが主体的な読み方なのかもしれません。かりにある作品については一語一語、分析して読んでいくことが成立しえたとしても、それはむしろ非現実的な読み方でしょうね。実際に、ぼくたちは本や新聞をそんなふうに読みません。そういう指導をされている先生方も、自分で読むときはおそらくそうだろうと思います。もし豊かな主体的空想力と論理的追究力とを駆使して、「このことばはこんなふうにも解釈できる、あんなふうにも解釈できる」と読んでいたら、朝刊ひとつ読むのにまる一日かかりますね。しかも、その新聞に何が書かれていたかは、結局、何もわからないままでしょう。

文章は用途があって書かれているのです。新聞だったら、早く読んでもわかるように書いてあるのですから、わざわざバラバラに解体してゆっくり読んだら、かえっておかしなことになる。見出しだけ見て中身をとる方法が必要でしょう。文学だって、あるスピードをもって書かれているし、読むほうにもスピードが必要です。リズムが合わなければ、子どもは退屈してしまうと思います。

同時に、読むということも目的があって読む。資料として何かを捜すために読みとばすのか、じっくり勉強するために何回もくり返して読むのか、見知らぬ世界をドキドキしながらのぞいていくのか、それぞれに目的がある。ぼんやりと読んでいる人だって、ぼんやりしたいために読んでいることもありうるのです。

ぼく自身は本を読むのが遅いんですよ。同じ本を同時に読みはじめても、相手がきのう読みあげたのに、ぼくはまだ半分なんてことがよくあります。斜めに読んで意味をとって、作者の本質をつかんでしまうような人がときどきいますが、とても頭のいい人だと思いますね。ぼくはとてもそんな頭じゃないから、時間がかかっても、手さぐりで相手の文章にさわろうとするのです。そのかわり、読みあげたら、作者がどういう感じの人かよくわかるような気がするんですよ。
そういうぼくでも、まさか新聞はそんなふうに読みませんし、職業的なすれっからしも身について、「折々のうた」を一日で四日分も書かなきゃならないなんていうときは、五〜六冊の本を斜め読みして、それでもいいかげんにはしないという読み方をします。そのように、文章の内容と、その人の個性によって読み方はいくつもあると思うのです。

それから、これは強調したい点ですが、主体性というのは、無限に解釈を豊かにしていくなんてことではないですね。それは、主体性についての解釈がえらく浅いといわなければなりません。

主体性というのは、ある文章に対して、全体を読んだうえで、それに対して自分自身がどういう態度をとるか、どういう批評をするかということです。その場合、文章と自分とのあいだに取っかかりができていないと深く分析することはできません。その取っかかりを見つけるために、ぼくは文章に慣れ親しもうとしているのですが、おそらく子どもにとっても同じことだと思います。最初から分析していくことは苦痛に思う子どものほうが多いのではないでしょうか。まず理屈ぬきで作品と親しんでみることが必要でしょう。先生が最初に全体を朗読されるというお話がありましたが、それは子どもが取っかかりをつかむにはいい体験だと思います。

子どもたちが楽しい読みの体験をたくさんすることが、読む力をつけることにもなると思います。低学年のときは先生が朗読してあげてもいい。たくさんの作品に触れさせることです。子どもたちにはおもしろいものとつまらないものを選《え》りわける力がありますよ。さきほど、読みの方法に合わせて教材が選ばれるという話がありましたが、まったく逆立ちしています。子どもには判定する力があることを、もっと信頼してもいいのではないでしょうか。

時代によって動くことば、動かないことば

●――ことばには客観的に規定される部分があると思うのですが、それはどのように定義できるのでしょうか。そのへんのことについてお話をうかがいたいのですが……。

大岡――ことばというものは定義しにくいものなんです。第一にことばを定義するためにはことばを使わなければならない。しかも、ことばというのは流動していますから、ことばとは何かと言いはじめると、面倒なことになります。ただ、こういうことは言えると思います。

辞書には、大きなものだったら何万という単語が載せられていて、その一つひとつについて、その時代において妥当であると思われる客観的な解説がつけられています。しかし、語彙の解釈は時代によって変化しますから、解説のことばそのものがわからなくなって、そのまた解説が必要になることがある。日本語でも英語やフランス語でも、十九世紀の辞書は、ぼくたち現代人にはとても

使えません。解説を読んでも意味がわからないのです。

同時に、辞書の見出し語じたいが増えたり減ったりする。とくに、形容詞、副詞といった抽象的なものを表す単語は変化しやすいのです。流行語のたぐいには形容詞や副詞が使われることが多いのですが、ある時代にはカゲに隠れていたことばが、つぎの時代になると急に表面に躍りでて、大勢の人がいちど聞いただけで共通感覚としてわかってしまうことがある。しかし、少し時間がたつと忘れられてしまう……。そういうことばはたくさんあります。

ですから、辞書は絶対であるという立場をとらないかぎり、ことばを厳密に定義することは不可能だといえるでしょう。ことばは時代によって動いていき、あるときは、そのことばそのものの根拠が失われることすらあるからです。一語一語を確定したものとしてことばを扱う態度というのは、辞書を万能のものとしてしまうものです。それはことばの本質から考えると、まちがっていると、ぼくは思います。

では、ことばはつねに動きまわっていて、どうにもつかまえどころのないものかというと、けっしてそんなことはない。基本的な語彙は、古代から現代まであまり動いていません。たとえば、行く、来る、寝る、立つ、すわる……といった人間の基本的な動作を表現するような動詞は、活用形などは多少変わっても、根幹は変化していません。名詞も、もの自体が失われると消滅してしまいますが、ずっと変わらないものもあります。

つまり、時代によって動くことばと、動かないことばと、その両方が合体して言語は成り立っているのです。ことばは動きまわっているものだから、こちらの主観によって解釈すればいいという考え方もおかしいし、すべてが客観的に定義づけられるという考え方もおかしいですね。

人間は頭のなかでことばをどのようにイメージしているかということで、「ことばは流れであると同時に、はっきりとした一つひとつの固体として存在している」という比喩を、ぼくはよく使うのですが（二五一ページ参照）、それはここでも当てはまると思います。言語というと、がちっとした不動のものであるといったイメージが強くありますが、そうではなく、ことばはつねに動いているものなのです。ことばは不動のものではなく、運動するということが不動なのです。そのことがまだたくさんの人の共通理解になっていないようですね。

ことばの性質と人間の性質

――ことば遊びを子どもたちが喜ぶというのは、それによってことばが動くものであることを子どもたちが実感できるからだろうと思います。大岡さんたちがつくった『にほんご』を使って十分にことばを味わった子どもたちに、ことばを論理的に考える文法の授業をしたところ、以前やったときには退屈した同じ文法の授業を、子どもたちはたいへん喜んだそうです。それは、子どもたちがことばの動く部分を実感できたからだろうと思うのです。それと同時に、ことばの世界で動かないものをも発見していくことにつながった。つまり、ことばの法則……。

大岡――そうです。ことばは無法則に動くのではなく、がっちりした法則をもって動くのです。つまり、動かないのはことばではなく法則なのです。法則というのは不動のものを律しているのではなく、動くものを律している。それは数学や物理などの法則でも同じことですね。

ことば遊びをうさんくさく思う人たちは、言語の本質とことば遊びが離れているということを心配するのですが、固定していないということが言語の本質なのですから、ことば遊びはもっと広い承認を得る可能性は大きいと思います。そのうえで文法を教えることが、ことばの理にかなっているといえます。

そこにも逆転があって、動くものをやらないで、抽象化された法則だけを与えようとするから、文法というのは無味乾燥になって、子どもたちは拒否してしまう。子どもは、混沌としたもののなかからきまりを見つけて、それに命名することを喜ぶんです。それを逆に「これは動詞です」と覚えさせるから憂鬱になる。文法というのはことばの法則であって、本当はおもしろいものなんです。混沌とした世界に筋道をつけられて、構造がくっきりと見えてくるわけですから。もともと、混沌とした世界をはっきりさせようとしているうちに発見したものが法則なんですから、その過程を追体験しなければ、子どもは興味をもちません。最初から筋道をつけられた世界をなぞらされるのは苦痛です。ぼくは文法が嫌いだったのですが、そういう理解をもってから自分なりに吸収できるようになりました。

日本語の教育にたずさわっている先生方は、どちらかというと自然科学系に弱い方が多いように思います。そういう人は「法則とはすなわち動かざるもの、確固とした不動のもの」といった感覚をもちやすいのかもしれません。自然科学系の人たちには、「法則とは動いているものから抽出したのだから、動いているものが変化すれば、それに応じて変化するもの」という感覚があると思います。乱暴なたとえですが、そんな感じがします。「法則は動かざるもの」という感覚が強くなると、法則を金科玉条の旗印にしてしまいがちになる。ことばは動くものであることを忘れて、法則でことばを縛ろうとする。法則を知らなければことばを操れないとか、法則がまずあってことばが存在するといった逆立ちすら起きてしまいます。

古文に「かかり結び」という法則がありますが、その法則を知っていることが、ことばの使い手になる条件であるとはいえないのです。当時の人たちで、実際にかかり結びの法則を知っている人は少なかったわけですし、まちがって使っていることも多かった。豊臣秀吉でも徳川家康でも、おかしな言いまわしが手紙などにいっぱい出てきます。それが彼らの個性をつくっているわけですから、そういうものまで含めて逸脱を認めてもいいと思うのです。

学校の世界というのは、「彼らは無教育であるがゆえに、こういうまちがいをした。ここは正しく……と書かなければならない」と堅苦しくなってしまう。「無教育であったからこういう逸脱はした。しかし、秀吉のラブレターはすばらしい」というふうに言えばいいと思うのですが……。数学や理科の先生のほうが、言語学をきっちり身につけた先生よりも、子どもたちがおもしろがる授業をつくれるかもしれませんよ。

ことばは人間生活の本質をなしているものだから、ことば自体も人間と同じ性質をもつのです。人間の行為のすべてが、粒子であると同時に流れであるという性質をもっているのではないでしょうか。人間は一人の個体として、ほかのだれとも区別できる存在です。純然たる個としてある。ところが、その人間は一瞬たりとも同じところにとどまらず、つねに動いている。かりに座っていたとしても、時間は経過していくわけですから、彼の肉体はたえず死に向かって動いていっている。すべて人間は個体として保ちながら、その個はたえず変化している存在なのです。ことばもまた同様だと思います。

IV

ことばの音とリズムの世界

1 ことばのリズムと心の動き

「折々のうた」にこめられた意図

●——大岡さんは、『朝日新聞』紙上に「折々のうた」を連載されていますが（一九七九年一月から連載中。岩波新書として通巻十六冊が刊行）、そこにはいろいろな意図がこめられていることと思います。「折々のうた」の背景についてお聞かせください。

……ことばは社会的な存在としてある……

大岡——「折々のうた」の仕事の前提には、言語というものは単独にあるのではなく、社会的な存在としてつながっているものだということを基本におきたい、というぼくの考え方があります。

まえにお話ししましたが（第I章）、いまの社会状況は、受験生の蹴落としあいに象徴されるような、相互の差異のいっそうの拡大、個人個人の孤立化という風潮が一般化し、根本的な意味での社会というもの、その人間的要素の局面がおおいに揺らいでいます。一人ひとりの精神がますます孤独になり、それに呼応して言語の有する力についての信頼も希薄になっています。本来、社会というものは、違いのなかにある共通性を見つけあっていくからこそ成り立つのであり、言語もまた社会的な存在としてあるはずだと思いますが、現在の状態はその点からみると、心細い要素が多いことはたしかです。

「折々のうた」についてですが、朝日新聞側の最初の意図は、紙面のなかに息抜きのできる小さな欄がほしいというものでした。最初は最終ページに半年ばかり出ました。ラジオ・テレビ欄が一時、真ん中のページに移されたことがあって、その時期のことだったわけです。学芸部が筆者の選択をまかされて、お鉢がぼくのところへまわってきた。

……短歌・俳句以外の詩歌のおもしろさを伝える……

それはシリーズの始まる三か月くらいまえでしたが、ぼくは「とんでもない。できっこありません」と断わったんです。何度か「やれ」「やらない」で往復があったのですが、結局、ぼくが折れました。ただ、ひとつ条件を出しました。「短歌や俳句だけに限るのだったらお断わりします」と。ぼくとしては、どうせやるのなら、短歌や俳句以外にもおもしろいものがあることを知らせたいと思った。なぜかというと、そういうものを知らないと短歌や俳句についても本当はわからないからです。

俳句の場合は江戸時代以来、一般庶民の文芸ということがはっきりしていましたが、近代短歌の前身としての和歌は、上代・中世のころは長いあいだ、上流階級の独占物になっていました。一般庶民の声は歌われていないのです。しかも、創作上の約束事がたくさんありますから、歌われている題材も限られてしまっている。

たしかに「万葉集」には、大和の風物を歌ったものもあれば、戦争に敗れて憤死した皇族の歌もある。農民や漁民、遊女といった下層の生活をしていた人びとの生活も歌われています。東国の歌もあれば、召集された兵士の歌もある。しかし、都が京都に移ってからは、京周辺の四季の美や、そこでの美的生活意識に染まった恋愛を扱った歌が大半で、その作者の多くは貴族です。詠《よ》み人知らずとされている歌の群れのなかには、庶民のあいだで歌いつがれてきたものも含まれているかもしれない。また、それらのなかにすぐれた歌がありますが、基本的には、数百年間の和歌の歴史は、京都中心の、社会の上層部にいた人びとの文化を伝えるものだったといっていいでしょう。

この人びとの観念のなかにある和歌というのは、プライベートな悩み・苦しみをあからさまに訴えるようには歌わない。歌うとしても一般的に、時代の美意識に添うかたちで歌うのがよいとされていた。特定個人の特殊な出来事をただ率直に歌うのではなく、いわば「われわれのもつべき美的生活とはこういうものだよ」という概念を与える指針のようなものとして、「古今集」以下の勅撰和歌集は編まれています。だから、実生活にはあって、和歌集からははみだしているものは無数にある。題材の点でいえば、和歌というジャンルでは扱えない種類のものがたくさんあった。それらをある点で補っていた他の詩型があります。たとえば、平安朝でいえば漢詩はそういう点からしても見逃せない。それ以前からあるものでいえば、古代以来、脈々と歌いつがれてきた歌謡もそうです。

……民衆文化としての詩歌の伝統……

歌謡は、「古事記」「日本書紀」以前からあるもので、いうまでもなく、貴族、上層階級のみならず、民衆のあいだで歌われていました。いわゆる「記紀歌謡」(「古事記」「日本書紀」に採録の歌謡)がそうですし、また、和歌集としての「万葉集」にも、東国の歌謡が東歌《あずまうた》の章をなしています。五七七・五七七形式の旋頭歌《せどうか》もそうだし、また、多数の詠み人知らずの歌として収められている短歌にも歌謡性をもつものが多い。脈々として流れていた歌謡は、「古今集」以後の勅撰和歌集からはだんだん排除されていきましたが、実際には、生活そのもののなかで歌謡は豊かに享受され、歌いつがれていました。平安朝の歌謡のごく一部分を現在まで伝えているのが「梁塵《りょうじん》秘抄《ひしょう》」です。

いま残っているのは、全部で二十巻あったと推定されているうちの十分の一程度でしょうか。それ以外のものがどこかから出てこないかなあ、と期待しているのですが、どうも無理なようですね。それが出てくれれば、いきいきした、おもしろい平安朝庶民文化の多様な姿がもっとよく見えてくるはずです。もちろん、庶民文化そのものではなく、貴族の世界に吸いあげられた庶民文化ですが、とにかく「梁塵秘抄」にはおもしろいものがたくさんある。

つまり、平安朝の詩歌を知るためには、「古今集」以下、「新古今集」までの勅撰和歌集だけではなく、歌謡を見なければ全体像はつかめません。「梁塵秘抄」で歌われているのは、仏教・神道といった題材もありますが、川べりで春をひさいでいた遊女たちが歌った歌が大きな割合を占めています。これらは歌詞も内容もまことにおもしろい。彼女たちの生活、また、当時の男女関係がこれほど鮮やかに出ている詩歌作品は、ほかには見いだせません。同様のことは鎌倉時代についてもいえます。勅撰和歌集の洗練された系譜と、それに組みこまれていない別の詩歌の豊かな系譜がある。

いまお話ししたようなことを、あんな小さな欄で十分に論じることなどとてもできませんが、実際に歌を並べていくなかで、並べ方によってはそういうおもしろさを暗示できるのではないかと思ったのです。それで、朝日新聞側にそのことを伝えて最低条件にしてもらった。朝日新聞のほうでも「そのほうがずっと結構です。注文はいっさいつけませんから自由にやってください」ということで始まりました。

……その日、その日で楽しんでもらう……

ぼくの友人が笑いながら言ったことがありますけれど、「あのコラムのよさは、朝でかけるとき、靴のひもを結びながらでも読めること」って。これは大事な指摘だと思いました。あのコラムの特長は、たしかに短さにあるからです。最初は連載小説の隣でしたから、いっそうその点が目立ったと思います。

始めてから半年近くたったころ、ふたたびラジオ・テレビ欄が最終ページに戻ることになった。ぼくのコラムをどこへ移すべきかということになったとき、朝日新聞の編集局長は破天荒な決心をして、第一面の「朝日新聞」という題字の下へ持っていくことにした。社内ではいろいろ議論があったようですが、それは当然でしょう。全世界の新聞のなかでも、こんな欄を第一面においている新聞はないと思います。そのときから、たくさんの読者の目にふれるようになって、ぼく自身は気楽にやっているわけですが、場所が場所だけに大きな反響をよぶようになりました。

ぼくは、あそこに毎日出している歌や句は、前後のつながりには無関係に、その日その日、単独に楽しんでもらえればいいと、基本的には思っています。なにはともあれ、「なるほど、日本の短詩型の作品もなかなかいいもんじゃないか」と楽しんでもらえればいい、おいしいものだと味わってもらえればいいという考えです。おいしくもないものを、ただ栄養価が高いから食えといわれてもたまりませんから。

……さまざまな色のことばの糸で織り物を織る……

ただ、作品を選び、解説を書いているぼく自身の考え方としては、前後にいつも、あるつながりをもたせながら選んでいます。つながりといってもはっきり連続的なものとは限りません。「古今集」の和歌が出て、つぎが室町時代の流行歌、そのつぎは現代の詩というふうに、まったく違うジャンルから選ばれたものでいい。いや、それはできるかぎり違っていたほうがいい。なぜかといえば、違えば違うほどそれがおおう範囲は広くなり、そのまったく違う領域から選ばれてきた歌が、意外や意外、内部では近いものをもってお互いにつながっていることがわかってくるから……。

それは、まえにお話ししたように、差異のなかから同一性を見つけるという、〝世界〟の成り立ちを見つけていく手がかりとなります。世界というものは、詩歌の場合であっても、別べつのもののなかに見いだされる共通の因子が組織化されて成立しているからです。

一日一日、それぞれの作品のおもしろさを味わってもらえればいいのですが、一年を通して、春夏秋冬それぞれの季節に分かれながら、恋愛や死や日常生活の諸相など、こもごもの作品を読むうちに、隣あわせになっている短歌や俳句や漢詩や現代詩が、およそ別べつの機会に、別べつの関係のない人びとによってつくられたものであるにもかかわらず、そこに、さまざまな色をしたことばの糸で織った、ある種のしっかりした織り物ができあがっていた……。そういうことが全体として見えてくるようであればいいなと思いながら、毎日、選んでいます。差異のなかにある同一性、同一性のなかにある差異……。ぼく自身は選ぶ段階でそういうものにたえず関心をそそいでいます。

そして、全体としてたしかに一枚の大きな織り物ができているとすれば、それが、これからまた新たなことばの織り物をつくるうえで、ある可能性を暗示するひとつのモデルになっているかもしれない、いや、そうであるはずだ、とも思っています。なにごとでも、オーソドックスなものを知ったうえでたえず変則なものに展開していくということは大切なことですが、「折々のうた」を通じてある種のオーソドックスなものへの感触が伝わっていけばいい……。

たまたま、きょうの朝日新聞の「声」欄に、ぼくがあそこでカタカナことばを使っていないということを指摘する投書が載っていましたが、うれしい指摘でした。ぼくはあそこではたしかに意識してカタカナことばを使わないようにしています。あの短い文章のなかでは、たとえば、「イメージ」ということばを使うと消えてしまうものが大きすぎるからです。「安易にカタカナことばを使わなくても言うべきことは言えます」ということを、理屈で主張するのではなく、現実にそれを実行していくことで、「あっ、日本語にはこんなことばもあったんだな」と気づいてくれる人がいれば、それはたんに解説を読んでわかってもらうだけではない、もうひとつの私の仕事だろうと思っています。

……読者を不安な状態においてしまったこと……

休載までかれこれ千四百回以上つづけましたが（当時。二〇〇二年現在、五七五〇回を超える）、いまお話ししたように、選ぶことに苦労します。それに比べれば、百八十字の本文を書くことはむしろやさしいともいえます。なぜなら、その歌をそこで選ぶ理由ははっきりしていますから、書くことの半分以上が選んだ段階で決まってしまうからです。あとは短く書くことの訓練ですが、これはさほど苦痛ではない。でも、ほかの方から見ると、一回や二回ならいいが、千四百回も最後の一字までぴっちり入れるのは軽業《かるわざ》だ、と。

大江健三郎さんと先日、会ったときも、「こないだは、一字あきがありましたね」って……。いつもきちんと最後まで詰まっていると、たまに一字あいても目立つんですね。もちろん、ぼくもなんとなく気になったりします。まあ、そういうこともありますが、八～九割がたはきちんと最後の一字まで収まっているはずです。でも、それは慣れてくれば可能なのです。

それから、「折々のうた」を書いて、たいへんおもしろい体験をしたことがあります。いまのあの欄の書き方では、まず、引用した作品の載っている本の題名と、それの刊行年月日を書きます。

ただし、江戸時代以前は、文化何年なんて書いてもピンときませんから、大きな時代区分だけを書きます。そして、作者がいつどこで生まれて、いつ死んだというような略歴や、詩歌作者としての略歴を書く。そのあと、語釈が必要なら入れ、全体の意味をも解説的に簡単にします。最後にぼく自身の感想を入れる。わずか八～九行ですが、こういうふうに組織的につくっています。

ところが、最初の一か月ぐらいは、本の題名とか作者の略歴とかのデータをほとんど書かなかった。いきなり、この歌はどういう感じのものだという主観的な鑑賞を書いていたのです。読者からの反響はずいぶんありましたが、そのなかに混じって、「この本はどこに行ったら買えますか」とか、「この歌人はどういう仕事をして、同時代のなかでどういう位置にいたのでしょうか」とかいう質問がわりと来ました。

そのとき、ハッと「これは現代詩を読んでいる人の心理状態と同じじゃないか」と思った。読者が現代詩というものを読む。「詩人と呼ばれる人が書いているのだから、こりゃ、詩というものなんだ」と読者はまず心の準備をして読みはじめる。ところが、しばしばむずかしくてよくわからない。「自分にはどうもよくわからん。こりゃなんだ」と思って、たとえば、その詩人にじかに「どういうものなんでしょうか」と聞く。説明を聞いてもまだよくわからない。なんだか手がかりがない感じがする。読者はへたへたとなってしまいますね。「これがわからないのは自分の感受性が鈍いからだ」と、読者のほうが責められている気持ちになる。
ぼくが「折々のうた」で書いているのは散文ですから、現代詩を読んだときのわからなさよりはわかるにちがいないけれど、しかし、平安朝の歌をポンと出されて、いきなり鑑賞を突きつけられても、読者のほうには、「この藤原俊成という人はどういう人なんだろう」という気持ちが残ったままになる。自分の足をどこに置いていいかわからぬ状態のまま、頭のほうだけ〝有名な先生〟の鑑賞文が入ってくるわけです。

……読者が鈍感だから現代詩は伝わらないのか……

そのことに気づいて、データを入れるいまのスタイルに変えたら、驚くべきことに、こういう質問はパタリと来なくなってしまった。じつは、これもある種の客観性の幻なのです、本当は。こういう言い方をすると傲慢不遜に聞こえるかもしれませんが、明治四十五年刊といっても、どこの本屋に行っても見つからないのですから。ただ、いきなり新聞社にハガキを出さなくてもいい心理状態にはなったのでしょう。なんとなく安心感が生まれる。作者と本の客観的なデータが安心感を与えてくれるのです。作品は、ぼくが恣意的に選んでいますから、ほかの人から見るとつまらない歌かもしれない。ところが、そこに客観的データが入ってくると、その歌がその場所に落ちついてくるのです。

これは、長年、現代詩をやってきたぼくのような者にはよくわかる心理です。もともと現代詩というのは読者に恵まれないジャンルでして、自分はいいものを書いていると確信していても、読んでくれる人がいない。なぜかというと、比喩的に言えば、現代詩というのはまだ居場所が決まっていないからです。短歌や俳句は居場所が決まっている。現代詩というのは、どこかの林のなかの切り株にちょこんと腰をおろして、まわりを眺めてみるけれど、「ここじゃまずいかな、おれは」と思って、こんどは町の公園へ出かけていく。公園のベンチに座って眺めてみても、だれも見知った人はいない。それでまた不安になって、新宿駅の人ごみのなかにたたずんでみる。そういう不安定な心境が、作者たちにもあるし、現代詩という詩型そのものにも含まれていると思います。

ぼくはそういう居場所のなさをできれば克服したいと思いますから、いろいろ試みています。谷川俊太郎も試みている。しかし、どちらかといえば、「そんなこたあ関係ないよ」という考え方をする詩人のほうが多い。ぼくのようなやり方で古典詩歌についてしばしば書いたりすると、「古い、本家返りしたようなことを言って」と言われてしまう。ぼくは「折々のうた」をやることで、ずいぶん勉強させてもらったと思いますが、詩の読者のもつ「わからない自分のほうが鈍いんだ」というようないわれなき劣等感をとり除くため、ほんのちょっとした工夫を考えるということだけでも、教わることがたくさんありました。

もしぼくが現代詩をやっていなければ、あのときに、どうしたら読者が安心して読んでくれるのかと考えなかったかもしれません。読者の安心感ということを考えるのは一面ずるいのですが、現代詩という、不安定で居場所の定まらない、ともするとお尻が動いてしまうようなジャンルで長年、苦労してきましたから、どうしたら読者に自分の文章をまっとうに受け入れてもらえるかということに敏感になっていると思います。一方では、「おれの文章はだれがなんと言おうといいのだ」という強い確信がないとできない仕事ですから、それは矛盾なのですが……。

とにかく、どのような店を構えて、どのようにお膳立てをすれば、みんながすっと入ってきて、この文章を食ってくれるか。入り口が入りにくかったら、どんなうまいものを出しても食べにきてくれないわけですから。

ことばのリズムを授業で生かす

いまの国語教育では、ことばのもっている要素のうち、書くことと読むこと、つまり、文字にされたものに重きが置かれていて、もうひとつの側面である、ことばの音やリズムについてはあまりかえりみられていません。ぼくはかな文字を教えるのに、一字一字、文字かき歌をつくって教えています（伊東信夫著『あいうえおあそび』上・下、太郎次郎社、参照）。たとえば、わ行の「を」を書くときには、「右むいて、下むいて、でんぐりがえって、おっとっと」と言いながら書きます。「え」は、「えっちゃん、いそいでどこいくの。えきまで、いそいで、えっさかほい」とやるわけです。ことばをリズムに乗せて伝えてやると、子どもたちはとても喜んでくれます。ただ残念なことに、現場には、たとえば「い」でやっている「〝いっちゃん、いちいち、いも食べて〟なんて、ことばとして成立しないものを教えてもいいのでしょうか」という雰囲気が強い。ことばが伝統的にもっていたリズムとしてのおもしろさはどこかへ排除されている、という感じがします。

大岡――人間の言語生活をすべて起承転結、因果関係があるように営まなければいけない、ということはありえませんし、教育の場でも、もっと広い視点から考えてもいいのではないでしょうか。

また詩歌の話に戻ってしまいますが、古代においては、ある一定のリズムのついたことばは普通のことばとは区別され、神聖視された。日本人の信仰心には、神さまや仏さまを信じるだけでなく、リズムのついたことばを信じるということがありました。

さっき話に出てきた「梁塵秘抄」というのは、後白河法皇によって編纂されています。この帝王は平安末期の歴史を彩る個性的な人物たちの一人ですが、王朝が崩れていこうとする時代に、貴族や新興武士階級と四つに組んで、ある意味では、歴史の歯車をもとへ戻そうという動きをした。源頼朝、義経、木曽義仲、平清盛など、みんな後白河法皇との絡みで右往左往させられたこともあります。天皇家のなかでは飛びぬけて逸話の多い人の一人でした。この人は当時の流行歌謡（「今様」とよばれた）の名人でもあって、臣下に命じて、貴族・庶民のあいだに流行していた歌謡を大量に収集させて、みごとに編集した。

信仰心も厚かったらしく、しばしば遠路はるばる熊野へ行き、熊野神社へ参籠して、神殿のまえの砂利のうえに座って夜通し祈りつづけたという。なにを唱えて祈るかというと、「梁塵秘抄」にあるような、今様歌謡を一心不乱に歌うのです。美しく歌を歌うことが神さまにもっとも喜ばれることだという信念があったのです。夜通し歌っていると、明け方近く、松の木の上から「心解けたる只今かな」という神の声が二度くり返して落ちてくるのを、お供の僧侶が聞きつけたこともあった。「歌のおかげですっかり気分が晴れたぞよ」というわけです。半睡半醒の夜明け方、一種とりつかれたような興奮状態にあって、一心こめて歌っているから、そんな声も聞こえてくるのでしょう。「梁塵秘抄」には、修行僧が明け方まで一心不乱にお経を読みつづけると、仏さまが見えてくるという状態を歌ったとおぼしい「仏は常にいませども　うつつならぬぞあはれなる　人の音せぬ暁に　ほのかに夢に見えたまふ」という有名な歌もあります。

お経ならお経、歌謡なら歌謡という、リズムをもったことばが、自我と、それを包むより大きな存在とのあいだにある谷に橋を渡して、越えさせてくれる。そういう感覚があったと思います。これは古代人が山へ入るとき、たとえば、熊を追い払うためのおまじないとしてリズムのついた呪文を唱えたのと共通のことでしょう。そうすれば神仏が守ってくれるというような考え方があった。歌の功徳《くどく》というわけです。後白河院は一心不乱に何十日も歌いつづけて、のどが破れてしまっても歌いつづけた。歌い抜くことでのどを治してしまうなんてことまでやっています。まあ、歌手というのはそんなものかもしれませんけど……。

いまはもちろん、「そんなの迷信だよ」「個人の自我や思想を表現するのに、そんな神がかり的なことはおかしい」と排斥されるのは当然です。しかし、日本人のことばの歴史のなかには、リズムのついていることばは日常のことばと本質的に違う、という考え方がはっきりありました。これは、村落共同体のなかで、集団の一種の精神療法のような意味あいをもっていたこともあるでしょう。リズムに乗ってくり返しくり返し唱えていると、自我がするっと解放されるところがありますから。

現代の社会や教室においても、ことばのリズムというものを、授業のなかで別のかたちで生かしていくことは可能だと思います。言語には、そういう要素があることは確かなのです。

リズムをとおして聞こえてくる声とは

●――子どもたちには生物としてのリズム感のようなものがあって、リズムのあることばはそれに働きかけているようにも思います。また、五七五の形式は子どもたちにリズムとして受け入れられやすいのですが、何か理由があるのでしょうか。

大岡――人間の身体のリズムは、大きな意味でいえば、宇宙の膨張と収縮とか、月の満ち干とか、自然界のリズムの影響を受けているわけですから、言語に関しても、リズムは絶対的に重要な要素でしょうね。

五七五がなぜ受け入れられやすいかについては、私は自信をもって説明することはできません。ただ、日本語の単語の基本的な音数に深い関係はあるだろうと思います。日本語でいちばん多いのは二音と三音の単語です。二音プラス三音で五音、二音プラス三音プラス二音で七音ということになって、単語のつながりとしていちばん安定するからでしょう。しかし、歌う場合は、四音とか六音とか八音とかの組みあわせのほうがリズムに乗るようですね。

日本語が、文字表記の場合には奇数音で安定することと、歌のリズムでは偶数音で安定することと、その基本的な差異が意味をもってきます。たとえば、短歌を読むときには、最初の五音を読んで、つぎに一拍おきます。つまり、最後の一拍は音として出さずに、六拍になっている。そこに一拍分の間《ま》があるということが大切です。タッタッタッタッとひたすら進むのではなく、ひと呼吸パッと止まる。それによってリズミカルなことばの構造がつくりあげられる。短歌の場合、五音も七音も、音楽でいえば四拍子で読まれるのがいちばん安定しているんですね。四拍子の連続体として短歌を考えることができます。

●――小さい子どもたちほどリズムに乗って遊ぶことが大好きですが、そういう題材は教科書にはありません。ぼくはいろいろつくったのですが、一年生の子がとっても喜んでくれたのが「男の子と女の子」でした。単純に、「男の子と女の子、男の子と女の子、男の子と女の子」と三回くらいくり返したら、突然、「青い空ッ!」と、つながりも何もないのを入れる。また三回くり返して、こんどは「白い雲ッ!」とやっていくのです。これを子どもたちといっしょに読みはじめたら、子どもたちが手を打ちはじめた。打ちはじめたと思ったら、立ちあがって教室中をぐるぐる踊りはじめた。そして、「青い空ッ!」というところでは、全員がダアッとずっこける。これは、五七音ではありませんが、リズムに乗ってからだが自然に動いていった……。

大岡――「男の子と」というのは文字で書けば六音ですが、いま読まれたのは「男の子ォと」と「オ」が入って七音になっている。しかも、そのあと一瞬、間があって「女の子」と続いていますね。お話を聞いていると、子どもたちの生命がリズムによって燃えあがるという感じですね。生命の力がリズムによって鼓舞されるというか……。さきほどの、神のまえで一心不乱に歌っていると、「気にいったぞよ」という神の声が聞こえてくるというのは、じつは、自分の内なる神が解放されていくときに語る喜びの声なのでしょう。自分自身が感じたおもしろさを神の声として聞いた。リズムというものには、そういう力があると思います。

リズムを無心に受け入れる子どもの心

●――ぼくは以前、ある精神病院で心理療法のアルバイトをしていたことがあって、そのときに、こういうゲームをやったことがあります。患者さんのグループに、一人ひとり短歌をつくってもらって、それをぜんぶ集める。そして、一句一句を、五、七、五、七、七の各部分に切り離してしまって、同じブロックのものをひとまとめにしてよくまぜておく。今度はそこから一枚ずつ取りだしてきて、五七五七七にすると、ナンセンスではあるけれど、大変おもしろいものができあがる。その文章がどういう意味なのか解釈して遊ぶのですが、患者さんたちがとても喜びました。開放的になってくる。自分のつくった歌をひとつだけ取りだされて、うまいとかへたとか評価されると抵抗があるでしょうが、自分の文章の一部がまったく違った文脈のなかにまぎれこんで、他人の文章と響きあって別世界のおもしろさをつくりだすわけですから、いままでむっつり黙っていた患者さんが、急にニコニコしてのってきたりしました。

大岡——自分のなかに閉ざされていた人が、集団のなかにうまく入りこめたということですね。

そういう遊びは古くからあって、正月の集まりなどでぼくもよくやりました。また、ことばの遊びではないけれど、こんな遊びもあります。五人いたとしたら紙を五つに折りまげて、いちばん上になる部分だけを出しておく。最初の人がそこに、たとえば、人間の頭のいちばん上の部分だけを描いて折りかえす。つぎの人は二折りめに目の部分だけ描く。……そういうふうにして五人でひとつの顔を描きあげて、最後にパッと開けると、奇妙きてれつな顔が出現する。そういう遊びは世界共通にあるようです。

●——子どもたちはナンセンスなものをほんとに喜びますね。そこから発展してぼくは、いまあるものを二つに切って、バラバラにしてもとの組みあわせを当てさせるゲームをやっています。たとえば、「柿くえば鐘が鳴るなり法隆寺」を「柿くえば」と「鐘が鳴るなり法隆寺」とに分けてしまう。同じように、「古池や……」とか「やせがえる……」とかを十組ぐらいつくって勘で結びつけさせると、幼稚園ぐらいの子がけっこう結びつけてしまう。斉藤茂吉の『万葉秀歌』から十首とってやったときは、母親や教師もまじっていたのですが、子どものほうがよく当たるのです。不思議でした。

大岡――子どものほうがリズムに対して無心に開かれているからということがあるでしょう。意味をあまり考えずにまっすぐリズムで取りこむのだと思います。「柿くえば」ときたら、「鐘が鳴るなり」とくるのがいちばんリズム感がいい、結びつきやすいということなのでしょう。正岡子規がこれをつくったとき、わりと気軽につくったと思うのですが、その気楽にいっている部分が、子どもにすうっと伝わっていく。大人は「なんで柿くったら鐘が鳴るんだ」などと考えてしまいますから、リズムだけでとらえることがかえってできなくなるのでしょう。

有名な議論ですが、子規の句に「鶏頭の十四五本もありぬべし」というのがあって、たとえば、「鶏頭の三四本もありぬべし」だっていいじゃないかという。これは、根本はリズムの問題だと思います。これがいい句だとして読みつがれてきた要素には、リズムがいい、ピタッとくるから、ということがあります。子どもたちにはそのリズム感が開かれているのだと思います。

2 ことばを音声化することの意味

はじめに「声」があった

ことばを「話す・聞く」「読む・書く」という分野に分ければ、「話す・聞く」ということが、いまの状況では大切であるということを大岡さんは強調されてきました。相手がいなければ成り立たないということが、「話す・聞く」と「読む・書く」の基本的な違いであるという指摘は、一人ひとりが孤独な状態におかれている現代の私たちがことばの教育を考えるうえで、大きな柱となると思います。

戦後、いつのころからか、音読するということが教室であまり行なわれなくなってしまった。とくにぼくら教師が生徒のまえで朗読するということがなくなった。ことばには文字を黙読しただけでは伝わらない部分があるように思うのですが、「音読なんて不経済だ。黙読のほうが早い」

という考え方なのか、朗読する教師は少数になってしまいました。
朗読といっても、特別な話術を駆使する必要はなくて、ことばに表情を与えて、心をこめて読めばいいと思うのです。テレビなどの機械の音に囲まれて暮らしているいまの子どもたちにとって、ナマ身の人間の声をとおして文章を伝えるということは大切なことのように考えます。また、声に乗せることによって、文章の美しさがはっきりと伝わることもあるし、教師の朗読や子どもたち相互の朗読によって、ことばの意味が説明せずに伝わることもあります。表情のない書きことばに表情をつけるということは、おもしろい要素をいくつか含んでいると思うのですが……。

大岡——声をとおさなければ、どんな思想も生きてこないと言っていいくらいに、声というものは思想を肉体化するうえで重要性をもっている。そのことを日本人は意外なほど忘れてしまっていると思うのです。

昔、万葉集にあるような歌がうたわれていた時代のことばが、千年以上たったいまも、ぼくらの心を動かす力をもっています。それらは、文字として書かれたものではなく、肉声をとおして歌いつがれてきたものです。それが、ある時期に筆記された。

万葉集が筆記された万葉仮名というのは、ひらがなやカタカナが発明される以前に、漢字を表音文字のようにして使ったものです。中国人からみれば奇想天外のやり方で漢字を日本ふうにアレンジしたもので、それ自体には文学的な美しさも芸術的な美しさもない。ところが、その文字をとおして再現された歌は、時代を超えて現在のわれわれを動かす。しかも、ぼくたちは漢字かなまじり文に翻訳されたものを活字印刷で読んでいるわけですから、当時の人びととは違うものを見ているわけですが、原作がもっていた力強さ、美しさ、論理性……などといった言語の本質はすべて伝わってきます。

とすると、万葉集の歌の基本とは、五七五七七というリズムをもったことば、言いかえると、声として音として表現されたことばである、ということになります。けっして万葉仮名という文字ではなかった。そのことが学問研究が進むにつれて、ややもすると忘れられがちになってきたように思います。学問研究の出発点は文字で書かれたものである、と無意識に前提してしまう本末転倒が起きてしまうからです。

いちばん最初にこの世に存在したのは、人間の声、音だったのです。それが分節を形成し、分節が連なって言語をつくっていった。人間が蓄えてきた声としての〝原言語〟ともいうべき音が無数に存在していたからこそ、そのあとに言語の膨大な構造がつくられた。小学校や中学校の先生方が、そのことを頭の片隅に置いておくかどうかが、ことばの教育に大きな違いを生むように、ぼくは思うのです。

ことばによって人間は人間になる

大岡——なにも、原始時代のことを現代に無理にあてはめようとしてこんな話をしているのではなく、現在ただいまの人間がことばを身につけていくときの問題としてこう言えるのです。

発声されることばは、われわれの生いたちの問題として重要なのです。生まれ落ちた瞬間の人間は、手足を動かせても、物をつかむことも立ちあがることもできない存在です。これはほかの動物との大きな違いであり、人間の歴史がどんなに進化しても、生まれたばかりの赤ん坊がすっくと立ちあがって、「天上天下唯我独尊」なんてしゃべることはありえないですね。

地上におけるすべての人間は、白人も黒人も黄色人種も、これはすべて同条件であり、生まれたときはまったくの原始人なんです。それから何年間もかかって、さまざまな神経系が発達していくわけですが、知的な存在として一人前の人間になるには、現在では少なくとも二十年前後かかるのではないでしょうか。人生の三分の一近い年月をかけて身につける、広い意味での〝知識〟は、どういうかたちで得られるのかというと、ほとんどがことばの習得を通じて得られていくのです。ことばは他者への伝達の手段というばかりでなく、考えるということそのものの土台にもなっているわけです。人間が人間となるためにはことばがなくてはならないのです。

そのことばの第一歩は、生まれたときのダーダーとかアーアーとかのことば——音です。それを基本として、一年ぐらいしてごくわずかな単語をしゃべりはじめ、そのうえにひとつずつ、ひとつずつ、つけ加わっていく。単語が加わり、単語をつなげることを覚え、他人へ意志を伝達するための論理性を把握し、くり返し語りたくなるような美しい表現を求める……。そういうものが、ひとつずつ、ひとつずつ、お城の石垣を積みあげるように構築されていく。

そういう意味で言うと、人類史における原始・古代の状態のことばから現代の状態までを、人間は個体として経験する。生物学でいう「個体発生は系統発生をたどる」ということが、ことばの獲得についてもある意味であてはまるのです。これは、つぎの世代になっても、そのつぎの世代になっても続くことでしょう。ですから、ことばのいちばんの基本となるのは、原始的な状態におけることば、ことばを音として発声しはじめたところといえるのですが、このことについての理解が多くの人にあるかというと、かならずしもそうなっていないように思うのです。

ことばを全身の行為としてとらえる

大岡——日本の詩論・歌論・俳論には、音読ということに重きを置いているものがたくさんあります。くり返し、くり返し、声を出して読むことがすぐれた詩歌をつくることに通じているということが強調されています。日本の古典時代の詩歌をつくっていた人びとにとって、音がことばの基本となるということは、自明の理であったと思います。

平安末の大歌人で当時随一の理論家でもあった藤原俊成は、黙読ではなく声に出して読め、くり返し声に出して読め、すると、おのずともっとも適したことばづかいも得られるはずだ、と言っています。ことばを全身の行為としてとらえている。これは俊成が、式子内親王という彼女自身、当時のすぐれた歌人だった人から「いい歌とは何か」と問われて答えていることです。

ことばというのは生き物ですから、つながり具合が悪いときにはぎくしゃくして、ことばとことばが響きあわなくなってしまう。ことばは響きあうものでなければならないということを、俊成は言っているわけです。文字に書かれているものをただ黙読すれば通じるという考え方ではなかったのですね。

平安朝から鎌倉時代にさかんに行なわれた歌合《うたあわせ》は、まさに声に出して詠ずることが勝負を決める重要なポイントでした。歌合というのは、いろいろ複雑な形式もありますが、何人もの同時代の代表的な歌人を左右二組に分けて、あらかじめ出されたいくつかの題、または即席の題について、両方の組から一人ずつ歌をつくって提出する。それを第三者のすぐれた歌人が優劣を判定する。あるいは左右の参会歌人が衆議で判定する。耳で聞くのが第一なので、歌をよみあげる人は、特別にいい声の人が選ばれていて、交互によみあげるのです。判定者（判者）はそれをじっと聞いていて、右側の勝ちとか左側の勝ちとか引分け（持《じ》）とか判定を下す。ところが、優劣つけがたく、なかなか判定が下せないときがある。すると、両方で声を張りあげて競いあうわけです。

その場合、最低二回は歌いあげたのですが、二回とも同じ調子で歌ったとは、ぼくは考えません。最初はゆるやかに歌ったかもしれない、意味内容を相手に伝えようとして……。その歌が切迫した愛の表現をこめたものであれば、二度目はうんと変化をつけて、リズムを変えて歌ったことでしょう。そういうかたちでほかの人の判断にゆだねた。

一種の遊びには違いありませんが、同時にこれは戦いでもありました。歌人たちにとっては、ここで勝つか負けるかは場合によっては命がけのことでありました。有名な話ですが、歌合で負けて、それ以来、飯が食えなくなって死んでしまったという歌人もいます。伝説ですが、壬生忠見と平兼盛が「恋」という題で競いあった。

恋すてふわが名はまだき立ちにけり人知れずこそ思ひそめしか（忠見）
忍ぶれど色にいでにけりわが恋はものや思ふと人の問ふまで（兼盛）

両方とも百人一首に載っているほどの、甲乙つけがたい歌だったので、判定者が迷いに迷った。その末に判定者はエイヤッと平兼盛の勝ちに決めてしまった。たまたま運が悪かったのですが、壬生忠見はそれっきりガックリとまいって飯が食えなくなって死んでしまった……という話が、まことしやかに「沙石集」などの説話集に伝えられているくらいです。

近代歌人の若山牧水なども自作の歌をかならず朗々と歌ったそうです。それは朗詠術として完成されて、文字で見るとつまらない歌でも、牧水が歌うとよく聞こえたらしい。いまでも牧水門下には自分なりの朗詠術をもっている方が多く、それを聞くと、あるていど牧水の朗詠も想像できるように思うのですが、ぼくらはやっぱり悲しいかな近代人ですから、歌のなかにまず意味を求めてしまう傾向がある。それにはそれで十分理由もあるわけですし、ぼくだって意味が希薄で朗詠だけが立派だったら、かえってがっかりしてしまうでしょう。しかし、ぼくは根本的には、歌は朗詠されていた時代のあり方が基本だと思っています。

詩も本当はそうなんです。現代詩も朗読に耐えられなければならないと思う。ぼく自身は長いあいだ、詩の朗読というのはなんとなく照れくさくてしてこなかったし、朗読に適さないような詩もあえて書きつづけてきた時期があります。でも、このごろは、朗読できないような詩——できないということはありませんが、意味がいっぱい詰まっていて、一回聞いただけではわからないような詩――を書いてきた時代をけっして無駄にはしないようなかたちで、なおかつ声に出して読んで、人の胸にすうっと入っていくような詩を書きたいと思っています。

●――ぼくの学校の例では、若い人ほど声に出して読まないようです。ひどい例では、音楽の授業のときも、子どものまえで歌わない先生が増えてきている。ピアノの陰から子どもたちにあれこれ指示するだけです。大声で歌う人は変わり者と見られてしまうのです。同じように、子どもに朗読する人は変わり者の部類に入れられてしまう。

大岡――音楽の授業でさえ、先生が生徒のまえで歌わないという話はかなりショッキングですね。ぼくは大学で教えていますから、小学校の場合とは事情がずいぶん違いますが、学生の反応は話しているぼくのほうにピンピン伝わってきます。机のまえに座ってぼそぼそとしゃべったら、学生は居眠りを始めます。同じ内容を話していても、体調がよくて声に張りがあるときには、学生の反応が緊張感として返ってくるので、話の内容にも新しい話題がつけ加わり、結果的にはまったく別のものになるんです。やはり、ことばというのは、たんに意味を伝えればいいというものではない、と思います。

音楽の授業で思い出しましたが、このあいだ、ぼくが作詩した校歌の発表会に招かれたのです。ぼくはめったに校歌をつくらないのですが、やむをえない事情があって、信州の新設高校の校歌を作詩したのです。作曲は広瀬量平さんで、ぼくの詞が曲でずいぶん助けられました。曲ができたとき、その高校の音楽の先生がわざわざ電話してきて、「こういう曲です」と受話器の向こうで歌ってくれたのです。その先生は元気のいい人で、とても気持ちよく聞けました。ところが、びっくりしたのは、発表会の当日、高校生たちが歌うのを聞いたらまったく印象が違う。生徒たちの声が小さくて、おとなしい。同席していた広瀬さんもショックだったようです。

それは声を小さく歌うように指導したからそうなったのではなく、生徒たちが腹の底から歌った経験がなく、声を出せなくなっているらしい。彼らは日常の生活でもそういう経験をしないし、フォークソングの流行以後、マイクを利用する若者向けの歌がごくあたりまえになったため、声が小さくてもいっこうにかまわないようになっているためではないか、と広瀬さんは言っていました。ぼくらの年代だと校歌なんて蛮声をはりあげて歌うものだと思っている人が普通だと思いますが、いまの話を聞いていると、小学生のころから、大きな口を開けて歌わないとか、声を出して文章を読まないとかいうことが、いまでは普通になっているのでしょうかね。高校生の歌い方を見ていて考えさせられました。

声はひとをあらわす

大岡――人間は声のいきいきした変化を通じて自分の意志を相手に伝達するということを知っています。生まれたばかりの赤ん坊でも、たえず、アーアーとかダーダーとか声を出している。それはひとつには「おなかがすいたよ」といった意志の伝達であり、もうひとつには、生きていることの喜びの表現として音を楽しんでいるのだと思います。たとえば、「アー」というふうにアの音をつないでいくだけでは喜びになりませんが、「アアァ、アアァ」とか「アーッ」とか、抑揚をつけたり、区切り方を変えたりするだけで楽しめてしまう。たぶん赤ん坊は、アという音ひとつだけでも長いあいだ楽しんでいられるのではないでしょうか。

単語化されたことばを発するまえから、赤ん坊は音を音として楽しみ、自分の意志を伝達しようとする。これはたいへんな能力だと思います。意志を伝達しようとするとき、赤ん坊は声の表情をいろいろに変える。笑い声・泣き声ほど極端でなくても、自分の心の状態にあわせて、同じアーアー、ダーダーでも微妙な違いがついています。

小学生の場合でも、大人の場合でも同様だと思います。本を音読するとき、歌をうたうとき、おしゃべりするときでもそうです。同じ意味内容であっても、五十人の人がいれば、五十通りの話し方が生じるでしょう。まったく意味が通じない話し方になる人もいれば、じつに簡潔にしゃべるけれども、無味乾燥でなんのおもしろみもない人もいる。大人の場合は、社会生活を円滑にするためにその差を小さくしようとしていますから、あまり目立たないかもしれませんが。

しかし、「この同じ意味内容の文にあなたの気持ちをプラスして歌ってみてください」とか「踊りながら語ってください」とか注文を出したら、それぞれがさまざまな自己発見をすることになる。そして、自分への愛想づかしや、案外おれも捨てたものではないといったうぬぼれなどを含みながら、相手に自分の思いを全体で伝えようとするでしょう。もっとも、そんな要求は、恥ずかしいからイヤだと、たいていの場合、拒否されるでしょうけれど……。

人間は、自分の意志を他人に伝えるとき、多かれ少なかれ、声の表情に頼っているのです。相手を判断するときも、そういう要求が働きますね。たとえば、無味乾燥で正確な表現をするだけの人は、「どうも冷たそうな人だ」とか、「ひじょうに慎重そうな人だ」とかと。声の発し方というのは、その人自身を表すことがある。人間の声というのはそれだけの重要性をもっていると、ぼくは思っているのです。

沈黙する子どもの内面とは

大岡——子どもの朗読の問題に返りますが、子どもが朗読をしたがらないとしたら、それにはいくつかの理由が考えられます。まず、朗読するという習慣が家庭にも学校にも社会にもないことがひとつ。それから、子どもの個性の問題があります。朗読を好む子がいるように「恥ずかしいから絶対にイヤ」という子がいます。両方とも心のなかにはそれぞれの声をもっているわけですが、イヤだという子からも無理やりにその声を引き出そうとすることは、ぼくはいいやり方ではないと思います。

そういう子が自分からすすんで朗読するところまでどうしたら歩みでていけるのか。それをうまくやれるかどうかは、結局、一人ひとりの子どもと教師のつきあい方にかかっていると思います。しかし、どんな子でも、きのうまで心を固く閉ざしていたのが、パッと心をひらく瞬間がある。そのときを見逃さないでつかむかどうかが、教師に求められる条件のひとつになるかもしれません。

遅れて心をひらく子というのは、自分の内側に何かを溜めに溜めている。自分で圧をかけてふたをしてしまい、閉じこもっている。ですから、何かのきっかけでその圧がはずれたとき、ぎゅうぎゅうに押さえられていたエネルギーは一気に噴出して、まったく新しいものを生みだすかもしれない。そういう子は昔から芸術家タイプに分類できる場合が多かったのですが、いまの学校ではいづらいだろうと思いますね。

そういうタイプの子は現実生活に適応できずに、なんでも心のなかに取りこんでしまう。自分のなかに領土をつくって一人で遊んでいるわけですが、本人も現実生活に適応しない自分を知っていて、「ほかの人と比べて、なんでこんなに閉鎖的なんだろう」と悩んでいるのです。こういう心をもった子どもというのは、たんに芸術家タイプということばでくくられる子だけではなく、いまの学校には多くいるだろうと思います。

ですから、かりに教室でぶすっと黙っている子がいたとして、その子は劣っていると評価するのはいろいろな意味でまちがっていると思います。先生が朗読して子どもたちに何かを投げかけたときに、それに反応する度合いやスピードは一人ひとり違うのです。ある子はせっせせっせと、蓄えるだけ蓄えてしまう。ある子はポンポンと反応することに快感を感じていて、それが元気のよさとして表れる。蓄えている子は先生にしてみると無気味な感じがするかもしれない。それは言語生活に鈍感だからではなく、敏感に感じとりすぎてしまって、どういうふうに自分を表現していいのか、いまのところわからないからである場合があります。

先生が朗読しているとき、先生からは膨大な量の情報が発せられています。文字で表されたものをただ声にしたというだけではなく、その人の顔かたち、目つき、背の高さ、声の大きさ、手の表情……そういうもの全部が与えられている。その全体のなかで、語られたことばの意味だけに反応する子もいれば、全身でわあっと受けとめて、「先生の顔っておもしろいなあ」とか「なんであそこで急に小さな声にしたんだろう」とか、おもしろがって自分のなかに蓄えていってしまう子もいる。

後者のタイプの子は学校の成績は悪くなる可能性が高いのですが、自分が興味をもって蓄えたことにこだわっているうちに、まったく違うことを発見する可能性ももっている。そういう子どもをも包みこんで育てる余裕が教室になければ、朗読をさせることがほとんど暴力になることもあることを知っておく必要があると思います。

3 話しことば、書きことば

朗読の本質は対話にある

大岡――朗読のことを考えるとき、当然、子どもたちが生活している状況を抜きにはできないでしょうね。家庭や学校という社会、あるいは子ども社会のなかで、どんなふうに生きているのかを考えないといけないと思います。

朗読そのものは、本来、腹筋や胸膜を動かしたり、肺を広げたり狭めたり、声帯を震わせたりすることですから、人体の生理からいって快感のはずなのです。人体というのは、じーっと筋肉を縮めた状態で閉じこもっていることを不愉快に感じるものです。多くの子どもたちが声を出すことを嫌っているというのは、不思議なことです。それは子どもの身体の成長の自然とも反しています。

そういう子が教室へ来ても、肉体が活発に動いていない、いきいきしていないわけですから、ズーンと沈みこんでしまっています。そういうときに、「さあ、きみたち、朗読をしよう」なんて呼びかけてもしらけてしまうことは十分に予測できます。彼らのほうが、その点に関するかぎり、大人よりもいわば老けていると言ってもいいのですから。

まず、教室のなかだけでも彼らを解放することが必要ではないでしょうか。教室のなかは、ほかからはさわることのできない自由な王国であるぞ、ということを先生が具体的に示してやることだと思います。ここだけは何をしても安心だという雰囲気をつくりだすことです。先生に対する信頼感さえもてれば、子どもたちは心をひらくと思うのです。ぼく自身、教室では黙っていた子だったから、その子たちの気持ちはわかる気がします。

子どもたちが学校で接する唯一の大人は先生です。それは当たりまえのことですが、子どもから見ると、先生は背中に「社会」という字を染めぬいた旗指物《はたさしもの》を掲げた存在になる。先生がどう考えていようが、それはぬぐえないのです。「私は社会である」と宣しているその社会が好ましいものであれば、子どもたちの筋肉はゆるやかになって動きだすでしょう。けれども、社会がいやに固い感じでそびえ立っていれば、彼らは拒絶してしまうでしょうね。

朗読が子どもたちに届くかどうかというのは、朗読のうまい・へたの問題ではなく、先生と子どもたちが対話できているかどうかの問題だと思います。先生自身が気持ちよく朗読できないで、子どもたちの気分がよくなるわけがないですよね。

●――ぼくの体験のなかで言いますと、いままで型どおりの読みしかしなかった子が突然、表情豊かに語りはじめたりすることがあります。それは、段ボールでお面をつくって、それをかぶって朗読劇をしたときでした。そこから、朗読は動作を意識したほうがうまく表現できるのかもしれないと思ったのですが……。

大岡――ぼくは朗読の本質は対話だと考えているのです。子どもは「この本を読んでごらん」と言われると、まず字をまちがわないで読むことに神経を集中してしまう。本に集中する。本と対話してしまうんですね。そういうとき、「二度目はみんなに向かって語りかけるように読んでごらん、まちがってもいいから」とアドバイスしたら、おそらくガラッと変わるのではないでしょうか。

いまお話のあった動作をつけるということも、本に集中することから解放されて、逆に語りかける相手を意識したから、急に表情豊かになったのだと思います。先生と生徒、生徒と生徒のあいだに対話が成立するかどうかが、子どもにとって朗読が魅力的なものになるかどうかの境になると思います。このことは、まえにお話しした（二九ページ）、個性と共同性ということ――連句・連詩にふれて――とつながるのです。

言語の共有と心の解放

「夕鶴」（木下順二作）が三年生の国語の最終教材として教科書に載っていて、二十の場面について、手づくりの紙芝居をつくりながら、読みの学習をすすめたことがあります。「夕鶴」を読みこんでいきながら、場面ごとに紙芝居を描き、朗読していく。絵は自分の書きたい場面を分担して描いたのですが、最初は弱よわしくて絵にならなかったのが、作品を読みこんでいくにしたがって絵が変わっていきました。そのクラスにケンちゃんという自閉症の子がいたのですが、最初のうちは彼の活躍する場面はなく、もっぱら雑用係をぼくといっしょにつとめていました。

ところが、子どもたちの読みが深まり、朗読も表現が豊かになるにつれて、ケンがいつの間にか、みんなと声をあわせて読みはじめたのです。口がまわらないので、みんなのスピードについていくことはできませんが、一節のはじめのところはバカでかい声で読みはじめる。だんだん遅れて途中で声が聞こえなくなりましたが、最後の場面まで読みとおしました。

みんなで読んで、十分、朗読の自信がついたところで、こんどは一場面ごとに一人ずつ読むことにしました。読みたい場面の希望をとったら、なんと、ケンがいちばん感動的なやまばの場面を読ませろと要求したのです。ぼくは「だいじょうぶかな」と心配だったのですが、子どもたちは「ケン、がんばれ」と心から応援していたようです。ケンはその気配を敏感に感じとって必死で読んだ。すらすらとうまく読めたわけではありませんし、いつもどおり発音が違うところもありました。でも、与ひょうが姿の見えなくなったつうに狂ったように呼びかける「つう、つう、つう」という叫びには表情がこめられていました。読み終えたとき、だれからともなく拍手が起こりました。ぼくが読んでも、ほかの子が読んでもわざわざ拍手なんかしない子たちですが、そのときは自然に拍手が沸きました。そういうなかで、ケンは声が出るようになり、やがて自閉が少しずつ回復していきました。

大岡――集団のなかで朗読することや、紙芝居を共同でつくることの試みは、子どもにとっては自我の解放という意味で大切なことだと思います。まえに「集団の言語」の話題が出ましたが、閉ざされている自我が、ほかの人たちと言語を共有するなかで別の言語世界に自分が吸収され、解放されるという感覚――。それは、子どもにとっても大人にとっても大切なものであることが多いと思います。

富山県立近代美術館という新しい美術館では、開館と同時に、学校の生徒にも館の活動に参加してもらおうということで、県下のいろいろな中学校に集団制作の絵を依頼した。子どもたちの絵だけによる壁画で展覧会を企画したわけです。最初、各中学校の絵の先生たちはとまどってしまったらしい。「いまの子どもたちには、そういう集団制作はなかなかできないのではないか」とか、指導するのはたいへんだとか、いろいろ困難があったようです。それでも二十校ぐらいが参加しました。

集まってきた作品がどれもおもしろい。そうとう大きなものですが、子どもたちの熱気が伝わってくる。それがたまたまモービル児童文化賞をもらってしまった。それもひとつのはずみになったようですが、何よりも制作に参加した先生も生徒も、また父兄も、魅力にとりつかれたわけです。二年目にまた別の学校がたくさん参加して、三年目にもおとどしの作品よりもさらに熱のこもった作品が、たくさん集まったそうです。なかには、制作過程を克明に記録して、厚さ三〜四センチくらいの記録集をつくって、それを絵といっしょに送り届けてくるところもあって、たいへんな熱の入れようだと聞きました。

子どもは昔は学校から帰ると、カバンを家にポーンと放りこんで、外でみんなとわいわい遊んだものですが、いまはそういう光景をあまり見なくなってしまいました。みんなで遊ぶのは本能の発露といっていい行為だと思いますが、その部分がいまはどう発現していいかわからない状態のまま眠っているわけです。だとすれば、それは子どもにとって不自然な状態ですから、身体的にも精神的にも悪い影響が出てくる可能性がある。その解放を考えたとき、一人ひとりに対症療法のようなことをしても、あまりうまくいかない場合も多いのではないか。むしろ、子どもたち同士の活動とか、先生がそこへ加わったかたちでの集団の作業とかに参加することがいい結果をもたらすのではないでしょうか。

こういう仕事はじっくりと時間がかかるものです。「ただでさえ忙しくて、勉強の時間がなくなっているのだから、そんなヒマはないよ」とか、「昔のよかった時代のことを基準にされても困る」とか言われてしまうかもしれません。しかし、そういうときだからこそ、じっくりとした取り組みをしないと、子どもたちの不安定な状態はますます落ちこんでいくことになるという問題があるわけです。

同人誌をつくった体験から

大岡——集団で何かを創るということと関連して、ぼくにも少々個人的な体験があります。

戦争に負けたとき、ぼくはちょうど中学三年生でした。「ああ、これで当分は死ななくてすむなあ」と思ったら、急にまわりにあった本やなにかが実在となって現れた。それまでも確かに本は目のまえにあったのですが、存在感はなかった。学校は焼けてなくなっていたし、工場へ勤労で通うだけの生活がガラリと変化したときに、はじめて本が本として見えてきた。そういう鮮烈な感覚があったのです。

それで、二〜三か月たってから、友だち何人かで同人雑誌をやろうということになった。動員されていた工場に残っていた作業配置時間表などの紙を無断横領して、その紙の裏へガリ版で刷って雑誌をつくりました。その時期は、授業をやろうとしても、ろくに教科書もなければ学校もちゃんとは存在していなかった。海軍の工場だった建物ががらんどうのままになっていたので、教師と生徒全員で強引に占拠し、いすわってしまったのが、当時のぼくらの学校でした。先生もまだ何人も復員していない時期で、学校としては不完全な状態でしたが、その時期がぼくにとってはじつによかった。

なぜかというと、友だちといっしょに何かを創りだすということが、生涯にはじめて起きたからです。そのころのぼくは引っ込み思案で自意識過剰、友だちと自由に話をするのも苦手で、無口だったのです。でも、同人雑誌の作品を合評するわけですから、意見を言わなければならない。それをくり返すうちに、友だちと話すことがだんだん苦痛でなくなっていきました。

先生も二〜三人ばかり捲《ま》きこみました。二十代半ばの人たちでしたから、教師というより仲間として参加してくれた。合評は、先生の一人が空襲で焼けだされて中学校の小使室に仮泊していたので、その狭い四畳半でやりました。そこには先生所蔵の焼け残りの本がびっしりあって——空襲のとき、水をぶっかけられているもんですから、ごわごわ、ぶくぶくの本ですが――それを借りて読んでは感想を話し合ったりしました。あるときは、同じ本を全員が一度に読めるように、仲間のなかで字のうまいやつがガリ版で何十ページも写したりもしました。

中学三年生、四年生がこんなことばかりやっていたのですから、いまから見ればかなり異常なことですが、ぼくにとってはまことに得がたい、いい体験でした。教科書もあまりありませんから、教室での授業は先生の話をただ聞いていればいい。だから、頭は楽に遊んでいた。先生の話を聞きながら、同時に「きのうつくったあの歌は、ちょっとまずかったから直さなきゃなあ」とか思い浮かべている。頭が楽に遊んでいる状態だったからこそ、活発に動いて、何かを生みだす集中力が培われたのかもしれません。

ぼくにはそういう体験があるものですから、みんなでいっしょに何かを創るということが、閉ざされている自我を解放することに大きな役割を果たす、と思います。また、子どもが何かを学ぶときには、頭を楽にしておくことが必要だと思うのです。いまは、そういうことがあまりにもなさすぎるのではないでしょうか。それは子どもにとっては窮屈なことでしょう。

句読点と話しことばの関係

大岡——朗読がうまい・へたは関係ないと言いましたが、学校で朗読がうまいと評判になっている人というのは、かえって信用できないように思います。ぼくの想像では、その朗読はだれが見ても非の打ちどころのないような、教科書がそのまま立ちあがったといったものではないかと思うのです。おそらく句読点の読み方も、点よりもマルのとき少し長く間をとるといった正確なものでしょう。

　しかし、朗読はそういうものではない。たとえば、「おじいさんとおばあさんが、なんとか山へ行きました。そしたら、大きなへびがでてきて」という文章があったとすると、「なんとか山へ行きました」でマルですから、そこで切るのが正しい朗読法といわれるかもしれない。それは文字の表記に声が従わされているだけで、現実にぼくらがしゃべるときは、「なんとか山へ行きました。そしたら」で切る。相手が「どうした?」とのってきたところで「大きなへびが」と続けるのがしゃべり方の基本だと思うのです。

　そこに朗読のおもしろ味がある。印刷されているものをそのまま平板に読んでも、おもしろくもなんともない。地面に書かれた家の平面図を、どういうふうに起こして、そのうえにどんな家を建てるかは、朗読者の創意にかかってくるのですね。

句読点というのは、意味を正確に伝えるためのものだと思います。だから、ぼくは文章を書くとき、句読点にうんと気をつかいます。「折々のうた」でもっとも気をつかうことのひとつは点の打ち方です。百八十字という字数の制約を逆に生かすかたちで、普通だったら点のつきそうもないところに点をパッとつけたり、逆のことをやったりする。ここに置けばつぎのことばがぐんと立ってくると思うときは、その点を置きたいがために一字削ってしまうこともある。それくらい重要な存在なのです。

しかし、それは書きことばにおける点であって、朗読するときはその表記に従わなければならないということはない。点のところでマルよりももっと止まってもらいたいという、それだけの意味をもたせている点もあります。それは読み手がちゃんと受けとってくれると思っていますが、書きことばを音にするときには、おのずと別の原則が立てられると思うのです。

別の言い方をすると、句読点をふくめたその文章の読み方で、彼がどのような文章理解をしているかわかってしまうこともある。文学の授業なら、学生に朗読させれば、もう試験する必要なんかないくらいにぼくは思っています。昔よく聞かされた話ですが、旧制高校などで、生徒からも敬愛され、学問の世界でもいい仕事をした名物教授が講義のとき、万葉集を歌いあげるだけで、何も解釈しないで帰ってしまう。ところが、その読みに学生は感動して、学問を志す者が何人も出てくる……。できすぎた話かもしれませんが、ぼくはありうることだと思います。

声を出して読むということのなかに、その人の解釈をこめることができる。分析的なことは伝わりませんが、総合的な要《かなめ》になる解釈は伝わる。ある作品についての自分の総合的な認識を伝えるためには、声に出して読むことがいちばんいいと、ぼくは思うのです。そのへんにも声に出して読むということの大切さがあるのではないでしょうか。

肉体の自然にそう話しことば

●――いま、話しことばと書きことばにおける句読点の違いが話題になりましたが、子どもたちが作文を書くのに苦心しているとき、「しゃべるように書いてごらん」とアドバイスすると、書けないでいた子は気が楽になって書けるようになることがあります。文章を書くという視点から、話しことばと書きことばの共通性・相違性について考えてみたいのです。「書く」ときにも「話す」ことが重要な役割を占めているように思うのですが……。

大岡――正岡子規の最晩年の随筆に「病牀六尺」「墨汁一滴」、それから生前は公表されませんでしたが、「仰臥漫録」という日記があります。これらは明治三十年代に書かれたものですが、いま読んでも現代語を読むのと同じようにやすらかに入ってくる。文体としてひとつも古くさくない。それはなぜかというと、基本的に口述筆記したものだからなのです。

子規は結核から脊椎カリエスになり、最晩年にはしばしば筆も取れなくなりました。からだの調子がいいときには、顔のうえに原稿用紙を固定する装置をつくらせて、あおむけのまま書いた。それも大儀になると、人を呼んで口述した。「仰臥漫録」以外は新聞に連載されていたのですが、それを書くことと、短歌や俳句をつくることが子規の生きている唯一の証となりました。連載が続いていくことと生命が続いていくことがほとんど重なってしまった。新聞の都合で休載になると、その日一日中、寂しくてがっかりしてしまうくらいに。

高浜虚子や河東《かわひがし》碧梧桐《へきごとう》といった弟子や妹さんが交替で、子規がボソボソしゃべることばを筆記して、それを子規が読みかえして、もう一度、なおしたのだろうと思います。文体は「……なのである」という書きことばの調子ですが、根本的には「語り」です。話しことばの本質を保っているゆえに、現代でも新しさを失わない。同じ子規のものでも、きちんと理を立てて書いたものはそれなりに古びているのに、これは違うのです。

なぜだろうと考えたのですが、話しことばは肉体から直接出てきたことばだということが決定的な要素のように思います。話しことばは書きことばに比べて、時の経過のなかでもあまり変わらないのです。江戸時代の話しことばは、いま読んでもよくわかります。だいいち、肉体は百年ぐらい経ってもそうは大きく変わりません。ぼくらの肉体と明治三十年代の人の肉体とあまり変わっていない。ところが、現実の社会はたいへんな変化をとげた。戦争もたくさんあった。そのなかで人間の考えもずいぶん変化しました。それだけではなく、もともと書くということは、頭のなかでことばを磨くことなのです。速度もゆっくりとし、彫琢《ちょうたく》をきわめて書いていく。ぐっぐっと固めてカチッとした一行でたくさんのことを言いたくなる。一方、内容は変わっても、話しことばそのものは、子規や漱石がしゃべっていたものとぼくらがしゃべっているものと、そんな違いはない。それで、書きことばと話しことばに大きな違いが生じるのではないかと考えるのです。

ぼくは実験をしたくなって、去年の九月ころから意を決して、いままでたいてい断わっていた講演を可能な範囲で引き受けてみました。三か月で三十回ぐらいこなして、すっかりからだがおかしくなってしまいました。話しことばと書きことばの違いは何か、ということについて、はっきりと結論が出たわけではありませんが、講演で話したもののほうが、同じ内容でも、書いたものよりのびやかなのです。それは、人間の肉体の自然により忠実になっているからだろうと思うのです。おそらく、話したことに手を入れて再現したものは、ぼくがいま書いているものよりも、時間的には長生きするだろうと思います。

子どものことで言えば、書きたいことを話させてから書かせたり、ひとりごとのように言いながら書かせたりすることは、じつは、自分の肉体の語りをたえず確かめながら書くということになるわけです。そのほうがより自然に、いきいきした文が書けるのではないか。教科書には「文章の組み立てを考えて、最初に何を書くか、真ん中で何を書くか、結論をどう書くか」というような指示があるそうですが、それは書くということだけに主眼がおかれていて、いたずらに子どもの発想を固くするように思います。

話すときは、そのことによって脳髄が刺激されるせいか、どんどん話が広がっていきます。頭に浮かぶ思考をそのまま口にしていきます。シュールレアリスムの実験に「思考の自動記述法」というのがありますが（二七三ページ参照）、それと同じような要素があります。書く場合には、手を通じて文字にしていきますから、思考がゆっくりとする。しゃべるときは思考したことをつぎつぎに出さないと、どもってしまってあとが続きませんから、考えたことがそのまま出てきます。その違いは大きいと思います。

ぼくは講演するとき、どんなことを話すかは考えておきますが、話しだすと、そんなことはどこかへ行ってしまって、どんどん横道にそれていってしまいます。それで、ハッと気がついて、どういうわけでこんな話になっちゃったのかとしばらく考えて、また元へ戻るときもあるし、戻らずにどこまでも行ってしまうこともある。聞いている方も、この話はいったいどこへ行くのだろうと、はらはらしているのかもしれません。ちょうど思考の自動記述を目のあたりにしているように……。しかもなお、その話が客観性をもちえているならば、文字に直したとき、おもしろいものになるのかもしれません。

話しことばと書きことばを結ぶもの

大岡――このように考えてくると、文章には二種類あるように思います。文字どおり書きことばとしての文体と、話しことばを書きことばに直した文体と。

日本語は英語やフランス語などと比べると、話しことばと書きことばの差がありすぎるのです。英語はしゃべったことをそのまま起こしても文章になりますが、日本語は手を入れて直さないと、しまりがないし、よく意味が通じないことが多い。座談会のテープを起こしたものでも、何を言っているかさっぱりわからない発言もあります。そのように日本語では、話しことばは話しことばとしてルーズな世界を独立してもっているし、書きことばは書きことばとしてカチッとした世界をつくっているのです。

その二つの世界のあいだに橋をかけることは、いままであまり意識的に行なわれてこなかったようですが、ぼくはそこに架橋して境界線を崩し、しまいには二つの世界を溶けあわせることが必要だと思っています。

日本のシュールレアリスムの運動を支えたひとりである滝口修造さんはこんなことをやっていました。滝口さんはもともとあまり文章を書かなかったのですが、その晩年、ときに寄稿した雑誌に載っている原稿を見ると、文末に「談」となっている。話しことばで書かれていますから、てっきりインタビュー記事だろうと思うと、ぜんぶ自分で書いたものなのです。シュールレアリストたちはもともと、話しことばと書きことばの落差に注目していたのです。

作文教育のなかで、たとえば、まず子どもにしゃべらせてから書かせてみるという試みは、話しことばと書きことばの世界に橋をかけることになります。とてもおもしろい試みだと思いますが、もうひとつ、こんなことをやってみたらどうでしょうか。子どもたちが何人かでおしゃべりしていたら、それを録音するのです。それを一字一句そっくり文字に起こして見せたら、子どもたちはびっくりするでしょうね。意味が通じるようにしゃべっているつもりのことばが、書いたものに直してみるといかに支離滅裂かということに気づかされるわけです。

あるいは、滝口修造さんのように、わざと話しことばで書かせる。自分でしゃべるときのことを考えながら、アーとかエーとかもすべて入れて書く。そして、同じ内容のことを自分でしゃべって録音し、起こして比べてみる。その両方をやってみたらどうでしょうか。つまり、子どもたちには、話しことばのもつ二面性を伝える必要があると思うのです。書くことに悩んでいる子に、話しことばのように書けば気楽にできるということを教えることと、でも、話しことばで意味が通じるようにしゃべるには訓練が必要なんだということを教えることと。

そうやって話しことばの気楽さとむずかしさを味わっておけば、書きことばへいくとき、比較的に抵抗なくいけると思うのです。そのなかで話しことばと書きことばの違いと共通性を認識していく。それをいきなり書きことばを教えようとし、しかも、書くことのむずかしさばかり強調するものですから、子どもの思考は硬直してしまって、文章は平板で非個性的になってしまう。見たままを正確に書けとか、組み立てを考えよとかの注文は、書くことに慣れない子にとっては、ことば以前のイメージの流れを妨げられることになってしまう。書くことを重要視することの背景には、話しことばよりも書きことばのほうが高級であるという思想が抜きがたくあるようです。

まえに話したことのくり返しになるかもしれませんが、「読む・書く」は教わらなければできないことです。それに対して「話す・聞く」は、子どもが生まれ落ちたときから、自然に自分で体得していくものです。つまり、子どものなかに「話す・聞く」という要素は自己流ではあるけれど、しっかりつくられている。それを無視してことばの教育を行なうことは無理があると思うのです。

「話す・聞く」ということのなかに「読む・書く」があり、「読む・書く」のなかに「話す・聞く」が同時に存在しているのです。その四つの活動はぜんぶ連結しているという認識に立って、子どもに教えるべきだと思います。さきほど、話しことばの世界と書きことばの世界の境界を取り払い、溶けあわせたいということを言いましたが、それも同じことを意味しているわけです。子どもたちが日本語を好きになり、自分のものとしていくためには、話しことばと書きことばが入りまじった世界をつくりだすことが、これからの方向になるのではないでしょうか。

V

書くことと創造力

1 書くことの起点をさぐる

「よく見て書く」ことのむずかしさ

●——子どもが文章を書くことについて、考えてみたいと思います。

ご存知と思いますが、教科書には「作文」を課題とする教材がたくさん載っています。そして、その教材にはきまって注意書きが付されています。「よく見て、だいじなことをきちんと書きましょう」「文章の組み立てに気をつけて」「順序正しく」といった注意書きです。しかし、「作文」にこうした条件をつけるのは、子どもたちの想像力を萎縮させることになるのではないかと思うのです。実際、「よく見て」とか、「順序正しく」とかいって、論理的な教え方をしても、子どもたちが文章をうまくつくれないことのほうが多いのです。

大岡——「ものをよく見ろ」と言われても、どう見たらいいのか、見方がわからない子どものほうが多いのではないでしょうか。「ものをよく見て書きなさい」と言われても、子どもは困ってしまう。ぼくは小学校で作文がどう教えられているのかよく知らないのですが、明治時代に正岡子規や高浜虚子によって提唱された、俳句や写生文のかたちをとった写実主義の運動がありました。それは文学運動として豊かな成果をあげましたが、その伝統が学校の作文教育に影響を与えているのかもしれません。もちろん、ほかにもたくさんの方法論が唱えられたでしょうが。

「ものをよく見る」というのは、大人の場合で考えてもむずかしいことではないでしょうか。そのことばの裏には「外面をきちんと見て描くことによって、ものの成り立ちや、ものの本質を明らかにする」という思想がひそんでいるわけですから、これはひどくむずかしい。文章で表現活動をしている詩人や作家にとっても簡単なことではないですよ。たとえば、ぼくの家のまわりにはわが家の飼い猫が二匹、野良猫が七〜八匹ぐらい、いつも出入りしていて、その一匹一匹に名まえをつけています。その動きを見ていると飽きないのですが、それをよーく見て書こうとしても、まず、十匹の猫の動きを正確に書くなんてできっこない。

じつは、その野良猫からヒントを得て詩を書こうと思ったことがあります。ところが、書いていくうちに猫が女に変じてしまったりする。猫の姿態をじーっと見ていると、女性のしなやかな体つきが連想されてくる。すると、「猫おんな」なんていうことばが頭に浮かんでくる。そして、短い詩ができました。十数行の詩のほとんど全部は、猫そのものの描写なんです。そして最後に、「そんな／女。」という二行がくるだけ。「猫おんな」という語もそう出てこない。書きあげて、これこそ猫の本質を書いたと、ぼくはうぬぼれて思うわけですが、ほかの人からみると、「なんだ、これは？　こんなデタラメなことを書いて」となるかもしれませんよね。でも、ものをよく見ていくと、外見とは離れた別のものになってしまうのです。

小学生がそんな作文を書いたら、多くの場合、先生は「なんだ、ものをちゃんと見ろ」と怒るだろうと思います。たしかに書くことのなかには、ものをよく見るという側面もありますが、先生方が〝見る〟という観念にとらわれてしまって、外観だけをとらえることに窮屈になっていることが多いように思われてなりません。だから、子どもの書いた文章がおもしろいものであったとしても外観から逸脱していると、「この子はふざけている」という評価になってしまう。「ものをよく見て書け」という指導は、ある意味で危険だと思います。それに、見方がわからない子どもは、本当は見たふりをしているんですよ。

では、反対に「思ったとおりに書きなさい」と言えばいいかというと、これも子どもにとってはむずかしい。そう言われると、「おれは何を思っているのかなあ」と考えますが、たいてい「おれ、なんにも思っていないや」というふうになって、どうすればいいかわからなくなってしまいます。

子どもの想像力が動きだす条件

大岡——どういうふうにして子どもから文章を引きだすかを考えるとき、まず大切な点は、どのように書きだすか、そのきっかけをつかませることだと思います。「ぼくは」と書きだすのか、「だれだれちゃんが」と他人の存在から書きだすのか、あるいは、「きのう」と時間を設定して書きだすのか……。

●——ぼくが知恵遅れの子に書くことを教えたとき、こんなことを試みてみました。低学年でもよくやるんですが、黒板にぐるーっとでかいマルをひとつ書きます。一点を区切って、「ここが、いま、君らがいるとき」として、適当な間隔で区切りながら「ここが、けさ、起きたとき。ここが学校へ来たとき、お昼たべたとき……」と印をつけていく。そして、どこかの時間帯をさして、「ひろしくん、このときは何をしていた?」と質問すると、「先生に大根を背負ってきてやった」とか言う。「じゃあ、それ、書こう」ということで、ノートに「何月何日、何曜日、名まえ。きのうの放課後、ぼくは先生に大根を背負って……」と出だしを書かせて、「あとは自分で書きな」と言うと、どんどん書いていくのです。

大岡——場所と時間を決めないとだめなんですよ。へんなもので、人間の想像力というのは、場所とか時間とかいった枠組みが与えられないと動きださない。想像力というと、頭のなかに、わんわか、わんわかといろいろなものがひしめいていて、不定型でとりとめがないと考えられがちですが、それはまちがいで、もっと幾何学的なもの、代数的なものに近いような気が、ぼくはします。時間とか場所とかの図形的・数字的な枠組みを組み合わせることによって、はじめて想像力が活発に動きだすのです。

想像力を主張するほうも否定するほうも、想像力イコール自由勝手というイメージになってしまうのはおかしいと思いますね。想像力をふくらませていくと、現実からどんどんはずれていって無秩序になる、という批判がありますが、それはまちがいです。たしかに逸脱はしていくのですが、基本的な枠組みをつくったうえで逸脱していくのですから、無秩序にはならない。

さて、話を戻しますが、書きたいことのきっかけを見つけるということは、その子の内発性の問題ですから、作文教育の大事なポイントになると思います。

自分が何を書きたいんだろうと考えはじめると、まず飛びだしてくるのは、日常性から逸脱した事柄だと思います。ふだん、子どもというのはだいたいボーッと過ごしていて、朝、目がパッチリさめると、腹がへったから飯を食う。歯をみがいて、「早く行きなさい」と言われて、カバンしょって出ていく。これは毎日毎日、決まった筋道ですから、ボーッと過ごしていてもやっていけますし、そのときのことはたいてい忘れてしまう。ところが、途中で犬にかまれちゃったとか、出がけに親父に怒られたなんてことがあると、これは特殊な瞬間ですから、くっきりと頭に浮かんできますね。彼にとって書く理由があるわけです。

自分が何を言いたいのかを考えているときというのは、心のなかで自分自身と外界との接触を客観的に反芻《はんすう》することですから、おもしろいんですね。よく「これこれについて書け」というふうに、きっかけをこちらから与える場合がありますが、たえず与えることばかりやっていると、自分が何を書きたいのかを捜すという〝遊び〟ができなくなりますから、つまらなくなる。作文というのは書きたくもないことを書かせられることだと、書くこと自体を嫌いにさせることすらあるかもしれません。（大人の場合は、短歌や俳句の題詠や席題のように、テーマを決めることで遊ぶということができるのですが、子どもは少し違うと思います。）

「正しい順序」はない

大岡――きっかけが見つかれば、そこからどのような物語をつくっていくか、その筋書きを考えると思いますが、それは教科書で言われているような「順序正しく書きなさい」といったこととは少し違うと思います。子どもには「正しい順序」という発想はないように思います。順序なんていうことばでは考えずに、たぶん、こんなふうに頭のなかで考えていくのでしょう。

ゆうべ、お父さんに叱られたけど、どんな理由で叱られたっけ。ぼくがこんな失敗したからだ。でも、お父さんに叱られたとき、虫のいどころが悪くて、ちんぶりかいて、すなおにあやまらなかった。しまったと思ったけど、もうおそい。ぶんなぐられちゃった。でも、きょうになったら、なんとなく居心地が悪いもんだから、朝めしのとき、お父さんにこう言った。……

まあ、こういうふうに順序がつくられていく。最初から順序が存在しているのではなく、思いだしながら、つぎつぎに連想されてくるものだと思います。子どもの場合、計画的に文章を書くということは、ほとんどありえないのではないでしょうか。

あるひとつの出来事が生じた。それがきっかけになって、その子のなかで心の歯車が動いた。その歯車によって、つぎの歯車が動いた。でも、その動き方がいつもと違って、少しひねくれて別の方向に行ったから、お父さんにぶん殴られちゃった。それにまた自分の心の歯車が反応していく。つまり、外界の出来事があって、それに自分の心が反応する。それに対してまた外界が反応する。そしてまた心が……。というふうに、客観的なことと主観的なこととの相互作用が、書くという行為には存在しているはずなのです。その片一方しかない子どもの作文というのはないと思いますよ。

ですから、ひたすら客観的に写生文を書かせることを子どもに教えこんでいくとしたら、それは子どもの現実にそぐわないやり方で、たいへん危険だといえるでしょう。子どもというのは主観性がたえず内面からあふれだしている心の働きをもった存在ですから、客観性ばかりを強調すると、子どもは文章を書くことをつまらないと感じるようになるでしょう。

また、読み手の側から考えても、読んでおもしろいと思うものは、外界の出来事と作者の心とのあいだに、客観性と主観性の相互の受け答えがあるものです。外側の事実だけが正確に書いてあっても、つまらない。同時に、叱られたときの陰々滅々たる子どもの内面だけが書いてあったら、これもやっぱり読むに価しない。心がたえず外界と接触しながら、また自分のなかへ帰ってくる。そういう往復運動のない文章はつまらないものになってしまいます。子どもというのは、本来、その往復運動のなかで成長している存在ですから、それが子どもが文章を書くときの起点になると思います。

形式が創造を生みだす

●——いまの子どもたちは、作文というと、ある決まった形式があって、そこからはずれてはいけないと思いこんでいるふしがあります。たとえば、三波伸介というコメディアンが生きていたとき、NHKで「てんぷく笑劇場」という番組がありました。そのなかに「減点パパ」というコーナーがあって、子どもが「ぼくのおとうさん」という作文を読むんです。それは、どれもこれも、きびしいときもあれば、やさしいときもあるといった、決まりきったものでしたが、ああいうものが作文だと、いまの子どもたちは思っているようなのです。

大岡――そうですね。ぼくが見たかぎりでは、「おとうさん！」という呼びかけから始めたものはなかった。すべて「ぼくのおとうさんは……」で始まっていましたが、あれが学校教育がつくりだした〝作文〟というもののイメージなのかもしれません。

ぼくは「形式」ということはとても大切だと思っているのです。教育の世界ではしばしば、形式を問うというのは思想浅薄であって、内容が大事なのだと言われているような気がしますが、形式と内容は不可分なのです。

自分のことで言いますと、詩を書いていると、ときどき、頭のなかに何かが栓《せん》のように詰まってしまって、何も出てこなくなって、困ることがあります。焦りがでてきますから、すぐ近くにあるものまで見えなくなってきて、ますます詰まってしまう。そういうとき、ふっと正気に戻って、「そうだ、これを三行ずつで区切ってみよう」とか、「一行書いて、つぎの行は三字下げて、そのつぎは五字下げてやってみよう」とか思いついて、実際にそれをやってみると、いままで流れでなかったものが、急にふーっと動きだす。そういう経験をずいぶんしています。

形式が決まって流れだしさえすれば、あとはつぎつぎとつながっていきます。そして、二行ずつ区切ったとすれば、その切れ目、切れ目がピシッ、ピシッとある種のリズム感をつくりだしていく。そのリズムに乗ってしまえば、余裕が生まれてきますから、わざとそのリズムを破って、一行あいだをおいた二行のことばにまたがる形でつながりをつくったりして遊ぶことができるようになります。

だから、さきほどの、文章を書くきっかけをつくるために枠組みをおくという話でも同じだと思いますが、「形式」のなかに創造を生みだす何かがあると思うのです。詩を書いていて、つかえるたびに、こうしたらどうかと形式を変えると、また流れだす。形式というのは、固定してしまって陳腐なものになり果てる可能性もあるかもしれませんが、それ以上に、毎回、新しく生まれかわるきっかけを与えてくれるものだと思います。

頭のなかの流れが詰まって書けなくなっているときのぼくの状態というのは、「作文を書きなさい」と言われて困っている子どもの状態と似ていると思うのです。そういうとき、子どもはかならず自分の内側にずーんと沈みこんでしまいます。「たいへんだ、どうしよう」という気持ちがさきに立って、もう外の世界が見えなくなる。ただ茫漠《ぼうばく》とした果てのない、自分の心の広がりばかりが浮かんできて、その広さに圧倒されてしまう。そのとき、とっかかりになるような形式――枠組みをつくってあげれば、それまで何も見えなかったものが、急にイメージがはっきりしてきて、頭のなかに流れがつくりだされます。

●――「作文を書け」と言われて、どーんと落ちこんでいる子どもに、教師は「先生にしゃべるように書いてごらん」とか、「書きたいことを先生にしゃべってごらん」とか言ってあげるのです。そうすると、子どもは書きはじめられるようなのですが、それも一種の枠組みをつくるということなのでしょうか。

大岡――そうだと思います。「ぼくにしゃべるように書いてごらん」とことばをかけただけで、たぶん、子どもの目のまえはスーッと開けていくでしょう。形式ということよりもレベルの取り方の違いといったほうがいいかもしれない。書きことばのレベルで書くか、話しことばのレベルで書くかの違いが、人間の内面を、ことばが流れでるような状態にするか、閉ざしてしまうか、ずいぶん大きく変えてしまうのですね。

ことばはイメージの流れのなかに

●——子どもが文章を書けないという理由のひとつに、子どもがことばについて、イメージを描くことができないからではないか、という指摘があります。たとえば、「野育ち」ということばから、粗野で、奔放な人間像を思い浮かべられないで、辞書的な「放任されて育つこと。しつけのない育ち」といった定義がさきに頭に浮かんできてしまう子どもが、実際に受験勉強のなかでつくられています。もしそういうかたちで、ことばを子どもに与えていったとしたら、書いたりしゃべったりすることを、子どもから奪ってしまうことになると思います。ことば以前にイメージがあって、それに促されてことばが生まれてくるものではないでしょうか。

大岡——それは、ことばというものがどういうかたちで、われわれの身体のなかに存在しているかということと関連していると思います。根本的に誤解があると思います。ことばがわれわれのなかに文字として存在しているかというと、けっしてそうではない。たしかに、書けば文字として表れてきますし、その文字についての記憶も頭のなかにある。しかし、書くときやしゃべるときに、頭のなかに文字が浮かんでいるかというと、ぼくらの感覚ではそんなことありませんよね。とくに、しゃべっているときは、頭のなかに図式がなにひとつなく、魚を釣っているときのあたりのような感覚で、ちょっとあたりがあるよと、ひょいとことばを釣りあげながら（それはたいへんなスピードですが）、しゃべっているのです。

国語の教科書などでは、文章の構成を考えるとか、主題を考えるとかということが大事にされていますが、はじめから図式的に、第一主題、第二主題、その展開……というように描けるものではないんですね。ぼくの書き方は例にならないかもしれませんが、ぼくは長い文章を書くときでも、いくつかメモをしておくだけで書きだしてしまいます。もちろん、書くまえに、頭のなかではたえず考えています。しかし、これのつぎにこれを書いて、これのつぎに……というふうには考えていない。書こうと思うことを、あっちの角度から、こっちの点からと、いろいろ考えておく。そうすれば、おれは頭のなかで考えてあるぞ、という自信ができるのです。その自信さえあれば、書きだすと、どんどん思い出してくるから不思議ですね。

それに、自分の頭のなかから飛び出してきた考えなのですが、文字にしてみると、はじめてその考えに出会ったという喜びを感じるのです。その喜びにつられて書いていきますから、文章にますますはずみがついてくる。

ところが、はじめから、こういう主題を置いて、それを支えるためにつぎの主題をこう置いて、それらの展開がどうなって……というふうに全部つくってあったら、改めて文章を書くときには、なんの喜びも感じられません、なぞるだけですから……。

ぼくらのなかにことばがどのように存在しているか、それを比喩的に言うとすれば、ちょうど井戸のようなもの……といえるかもしれません。井戸というのは、ある限られた深さをもつ穴です。十メートルなら十メートル先で切れていて、その下には何もない。ところが、その限られた深さの井戸から、いくらでも水が汲みだせる。人間の頭脳というのは、そういうものではないでしょうか。

人間の脳髄の重さは何千グラムかしかない。それを解剖しても、小さな袋がたくさんあるだけです。脳細胞はたくさんあるといっても、有限であることには変わりがない。ところが、人間は生まれてから死ぬまでのあいだ、無数のことを考えている。それは無限大といってもいいでしょう。その考えは、決められた順序に従って発生してくるわけではなく、しゃべっているときには、思った瞬間に声に変わる。人としゃべっていると、そのときまで考えもしなかったようなことが、相手の顔や相手のことばからの連想によって、ぱあっと生まれてくることがよくありますよね。そのように無限にことばが出てくる。限られた脳髄という井戸のなかに、無限に汲みだせる、ことばという水があるといえます。

ことばは尽きせぬ水のように無限にあるわけですが、しかも、それは流れとして存在している。

川のように一定の形をもっているわけではなく、いくつもの流れが、ひじょうに速い速度で駆けめぐっている、そういうイメージですね。その流れのなかにちょっと釣り糸をたらしてみると、ちゃんと魚がかかってくる。その魚にはきちんとした形がある。それが文字や音声として表現されることばです。つまり、ことばは流れであると同時に、はっきりとした一つひとつの固体としてそこに存在している。別の比喩を使えば、光の波と粒子の関係といってもいいかもしれません。一つひとつの細かい粒子が、全体としては波として運動している……。

絵画でも同様だと思います。キャンバスに描かれたイメージは、たしかに画面に定着された、固定したものです。しかし、それを生みだした絵描きの頭のなかには、緑の流れがあったり、湖の形があったり、花のひとひらがあったりする。そのイメージを背景にして、キャンバスには女の人の身体を描いているのかもしれません。

ぼくは人間そのものが流体であるように思えて、「人は流体ゆえの悲しみを持つ」という一行から始まる詩を書いたことがあります。流体として存在しているものがあるからこそ、固体はそこをいくらでも行き来できる。流体も言語であるし、固体も言語なのです。それを固体としての言語だけを取りだしてしまったのが、いまの受験教育といえるかもしれません。ことばが一つひとつ固体としてあって、それが順序よく頭のなかに並んでいると考えるから、辞書的な意味でのことばの定義のような無味無臭のものを優先的に教えこもうとするのでしょう。しかし、それは人間の頭脳の働き具合を無視した、まずいやり方だと思います。ことばというものは、イメージの流れのなかにこそ存在しているのですから。

受験のためという大義名分から考えれば、固体としてのことばだけを取りだして、それを知識として教えたほうが近道だといえるかもしれません。流体として存在していることばは無駄なものとしてそぎ落としてしまった。しかし、それはいちばん大切なものを切り捨ててしまったわけですから、ことばの教育にはならない。結局は遠まわりになってしまうと思いますね。

2 イメージと創造力をめぐって

シュールレアリスムと教育の接点

国語教育にかぎらず、日本の現在の教育は、子どもたちの抱えるさまざまな現実の問題をまえにして、危機に陥っていることは明らかです。国語教育にかぎって言えば、想像力やイメージの問題、あるいはことばそのものを楽しむことの問題をその視野から欠いている、それが国語教育の危機の大きな原因になっている……。この教育の危機を打ち破る手がかりを探りたいと思うのですが、シュールレアリスムの視点から教育を考えてみるというのはどうでしょう。教科書などでは「超現実主義者」と紹介されている大岡さんですから、もしシュールレアリスムと教育の接点があるとすれば、それはひじょうに興味深いものになると思いますし、ひいては危機を乗り越えるひとつの手がかりにもなるのではと思うのです。

大岡――以前、遠山啓さんと対談したとき、ぼくは知りもしないくせに位相幾何学について質問しました。なぜそんなことを質問したかというと、一九五〇年代、ヨーロッパに大きな影響をおよぼした抽象美術の運動がありまして、アンフォルメル絵画という運動ですが、その指導者だったミッシェル・タピエというフランスの批評家が、「現代美術は位相幾何学（トポロジー）の時代に入っている」ということをしきりに言ったんです。ぼくは数学に弱いものだから、自分の勘でいちおう理解した程度でしたから、ちょうどいい機会だと思って質問したのです（この対談は『遠山啓との対話――教育の蘇生を求めて』太郎次郎社刊に収められている。編集部）。そのとき、遠山さんは「それは子どもの空間や図形に対する認識と同じなんですよ。ぐにゃぐにゃした図形の世界なんですよ」と、わかりやすく説明してくださった。それをぼく流に解釈すると、こんなふうになります。

ゴム風船に四角形を書いてふくらませると、球の表面にそった立体的な四角形ができますね。空気を抜けば、縮んで、しわしわの線に囲まれた小さな四角形となる。その二つの四角形を比べると、大きさも違うし形も違うから、常識的には違う四角形だとなるはずですが、トポロジーの考え方は、その二つは同じものだというのです。しわしわのくちゃくちゃの線で囲まれていても、立体的に出っぱっていても、四つの辺と角があれば共通に四角形と考える、というわけです。

子どもの空間や図形に対する認識は、最初、ぐにゃぐにゃのゴムのようなものであって、長さや角度はいくら変わっても気にならない。つながり方だけを気にしている。成長するにつれ、だんだん射影的に見られるようになって、最後に、長さや角度の確立した固体の世界にたどりつく。それは、ちょうど学問の発達と逆さまであって、学問がだんだん子どものなかに帰っていくようなところがある……。そんなふうに遠山さんはおっしゃっていました。

現代美術がトポロジーの時代に入っているということは、つまり、こういうことです。いままでの美術では、ものには形があり、その形を自然主義的な意味で正確に写実するということが重要視されてきました。しかし、われわれの世界を形づくっているものは、定まった形のない茫漠としたものであることが多い。しかも、人間の心を写しだすということを考えれば、その構造はじつに複雑な組み合わせとなる。それを描こうとしたとき、それまでの自然主義的な思考方法だけではだめであって、不定形の世界をとらえるための思考方法が必要になる。それがトポロジーである、というわけです。

これは現代美術の話ですが、いままでお話をうかがってくるなかで、教育の世界でも同様のことがあるのではないかという気がします。日本語の授業が子どもたちの現実のまえで危機に陥っているとすれば、その背景に、ちょうど写実を理想とした絵画が写実理念を後生大事に学ぶだけでは危機に陥るのと同じ要素があるのではないか。現代美術におけるトポロジーにあたる考え方が導入できていれば、現代の子どもたちの多様化した感受性やものの考え方にもっとうまく対応できたかもしれません。それを、四角形はあくまで直線で囲まれていなくてはいかんという、一時代には有効だったが、いまはその有効性の限界が問われている、ひとつの理想主義を貫き通そうとしているのではないでしょうか。

遠山さんは、一人ひとりの考え方には多様な幅があるということを基本にされていたから、おそらく、そういった問題点を見ていたと思いますよ。だから、その発言は、固定された理想主義を掲げている人からすれば、けしからんと映ったかもしれない。しかし、現代において、宇宙を考えても、経済を考えても、美術を考えても、四角形は多様であるというところから出発しないと全体像をつかむことができなくなっています。教育はある意味では堅固に保守的な部分をもつ必要があるとぼくは思っていますが、いま問題になっている点についていえば、じつにかたくなに新しい考え方を拒否し、旧来の無効化したところから歩みでようとしていません。このままでは、新しい科学や芸術をつくりだすような独創的な人間が育たなくなる心配すら出てきますね。遠山さんもそのことを指摘されていましたが。

現代美術とか現代音楽を進めている人たちには、学校時代、はみ出しの劣等生だった人がかなりいます。彼らは位相幾何学的にものを考えてしまったから、いまの学校教育の枠にはまらなかったのでしょう。そういう教育の現実があるとすれば、ぼくがシュールレアリスムについて話をするのも、何かの意味をもつのかもしれません。

無意味を主張する――第一次世界大戦とダダイズム

大岡――まず、シュールレアリスムの運動について、少し長くなりますが、概論的に話します。シュールレアリスムというのは、二十世紀に起こった文学や美術などのさまざまな芸術運動のなかで、想像力の創造性を大きく価値づけた運動といえます。

フランスの詩人や画家が中心となって起こし、たちまちにして全世界に広がったのですが、その発端は、公式的には「第一宣言」の出た一九二四年ということになります。しかし、気分としては一九一〇年代から始まっている。ちょうど第一次世界大戦がヨーロッパ全土を巻きこんでいたころです。

そのとき、中立国スイスのチューリッヒなどの都市に、戦争を避けて逃げこんできた人がたくさんいました。レーニンもスイスにきたひとりでしたが、ほかにも芸術家や文筆家がたくさん集まっていた。かれらが中心になって、戦争反対の意思表示をし、現在のような社会のあり方、その秩序とは違うものがあるのだという信念を、既成観念のぶち壊しに重点をおいて示威運動として展開した。一般社会の日常感覚からみれば、いい年をした大人たちの愚行としか思えないようなことをわざとやって、スキャンダルを起こそうとした。これがダダイズムです。

ダダというのは、赤ん坊のダーダーからとったとか、おもちゃの木馬のことだとか、いろいろ説はありますが、要するに、意味のないおもしろいことばということで選んだようです。〝無意味〟を強く主張したのは、あまりにも意味のありすぎるものがあったからです、戦争という……。戦争に対して精神の自由を主張したこの運動は、燎原の火のごとく、ドイツへ、パリへと広がっていきました。日本でも詩人の高橋新吉や中原中也の初期作品に大きな影響をおよぼしています。

それは、ある意味では世間のひんしゅくを買うようなことをわざとやる。詩の発表会をします、というので行ってみると、およそ人びとが詩と考えたことのないような騒音と罵詈雑言《ばりぞうごん》のかたまりを観客に向かって投げつける。そういう暗い絶望的な示威運動でした。自分たちは、戦争という愚劣な秩序には従わないぞ、という意思表示でしたが、否定するだけの運動だとつぶれてしまうのは当然ですから、大戦の終結とともにだんだん衰えていきました。

もっとも、つぶれるといっても、実際の成果はその場で消え去るような試みが多かったわけですから、形として残るような性質のものではないのです。それよりも、精神運動として果たした意味のほうが大きかったといえるでしょう。造形美術では、いまでも形として残っているものがあって、最近、西武美術館で展覧会をやったシュビッタースの作品なども、その代表的なもののひとつです。地下鉄や劇場の切符や、地べたから拾ってきた木ぼっくりとか、さまざまなものの破片を画面に貼りつけて色を塗った作品もありました。がらくたや捨てられていたものだけを蒐《しゅう》集《しゅう》してつくった絵ですが、いま見ると、意外なほどきれいなものです。

この運動は、世間的な意味での価値ある生活からはみだしたもののなかに別の価値を見いだそうとした。別の価値というよりも、より自由で、より豊かな価値を、みずから創りだそうとした。世間的な価値をただ受け入れるのではなく、自分がいろいろなものに価値を与える、価値を生産しようとした。これは当然、ある期間を過ぎると別の運動体に変わっていく。否定するだけでなく、もっと積極的に、われわれの理論をもとうということになる。こうして生まれたのがシュールレアリスムの運動です。

無意識の世界をさぐる——シュールレアリスムの実験

大岡——ダダイズムからシュールレアリスムへの展開はスムーズに行なわれましたが、それを担ったのは新人たちでした。その中心になったアンドレ・ブルトンは医学の勉強をして、大戦では、軍医の卵として徴兵されていた。そこで彼は精神障害を起こした兵隊などの治療にあたったのですが、その患者の治療に有効な手段として彼がおおいに関心をもったのがフロイトの理論だったのです。フロイトが臨床的におしすすめた夢判断の精神分析は、精神障害を起こした人に夢をしゃべらせ、分析する。それによって障害の原因がどういう人間関係や環境から生じているのかを突きとめていこうとするものでした。

フロイトはそれを自然科学者として記録したのですが、ブルトンは芸術的な観点から見て、えらくおもしろいものだということに気づく。それで、彼はその方法の価値を胸にたたみこんで、ダダイズムの運動に参加するのです。ちょうどそのころ、アラゴンやエリュアールといった詩人たちもダダイズムの運動に参加してきた。「これではだめだ。新しい理論をもとう」という動きが内部から沸きおこりはじめた。そのときに、ブルトンの勉強していた夢の分析理論が、そのまま新しい芸術理論の基礎にすえられ、シュールレアリスムの理論が形づくられていったのです。

夢というのは、いわゆる無意識の世界です。われわれの日常の行動を律している、さまざまな配慮——たとえば、子どもは先生に従わなければならないというような規律のある秩序も、夢の世界では自由に解きほぐし、その枠組みから別の世界へ逃れでることができる。夢のなかでは、子どもが先生に世界地理を教えることもできる。廊下に立っていろ、と罰を与えることもできる。現実世界ではありえないことでも、夢の世界では真実なのです。世界地理ができないことで悩んでいた子がそんな夢を見たとすれば、抑圧されている自我が夢によって自由に解放される……。

それをもっと広く芸術の世界に適用しようとすれば、夢を組織的に開発しようということになります。それで、彼らはいろいろな実験を始めた。

たとえば、夢を見た瞬間、パッと目をさまし、枕元に置いてある紙と鉛筆で、見たままを、なんの合理的な整理もせずに書きとる。実際にやってみると、これはたいへんむずかしいことです。身体を動かさないでいるとだいたい思い出せるのですが、ちょっと動かしたとたん夢が消える。また、紙、鉛筆……とほかのことを思うとすうっと消えてしまう。ずいぶん訓練しないと書きとれません し、それに、精神的な危険を冒す仕事ですから、やりすぎて病気になったり、白日夢を見るようになったりする人もある。

夢ではありませんが、こういう実験もあります。友だちと二人で喫茶店に座って街を行く人びとを眺めているとします。眺めているうちにぼうっとしてきて、頭のなかに別の観念が浮かんでくる。それが渦巻くような状態になったら、紙を見ずに、眼は通りのほうをぼうっと見やりながら、頭に浮かんでくる想念を紙に写しとっていく。そうすると、じつに不思議な、奇妙きてれつなストーリーができあがる。おもしろいことに、こういう場合でも、まえに作文教育のなかで話が出ましたが、書きだしは「われわれは、ある日、どこどこで……」と、時間と場所と人物を設定しているのです。

もっと激しい実験になると、白日夢を意識的に見るように訓練したり、誇大妄想や精神分裂などの精神の病の状態に自分をもっていく訓練をしたりする。病気そのものになるわけではありませんが、患者の精神状態すれすれまで近づいて、その状態を体験して、ことばとして記録しようとする。もっとも、これは壮大な失敗といえるかもしれません。書くためには病気と一線を画していなくてはなりませんが、それでは本当の精神の病を体験していることにはなりません。かといって、病気になってしまえば書けなくなる。その矛盾のなかで、記録した作品がいくつかあります。

ブルトンとスーポーの共著の「磁場」とか、ブルトンの「溶ける魚」、ブルトンとエリュアールの共著の「処女懐胎」といった作品は、これらの実験から生まれたものです。うわごとみたいに何か言いながら、ダーッと書いていく場合には、そこに書きつけられる文章は、わけがわからない。理性の活動は停止させていますから、一つひとつの単語は明瞭に出てきても、その脈絡をとらえるのには苦労します。しかし、その素材に少しだけ色づけすれば、想像力が創りだした、不思議な別世界ができあがってくる。ブルトンの「溶ける魚」はそういう意味での傑作です。ぼくはこれを訳したのですが（『アンドレ・ブルトン集成』三巻、人文書院）、誤訳だか正訳だか自分にもよくわからないところがあるのです。しかし、ぞくぞくするほど美しいイメージを包みこんでいる文章です。

シュールレアリスムの運動は日本にもすぐ伝わってきますが、それを意識的に自分自身の問題として受けとめたのは、詩人でいえば滝口修造さんです。いろいろな実験をやったのですが、「たびたびやっているうちに自分が失語症になってきて、ある意味ではとても不便なことになりました」と、ぼくに語ったことがあります。頭が夢のなかにあるような状態に自分を置こうとしますから、現実の日常生活や対人関係に適応できなくなってしまう。頭のなかでは、たしかにいろいろなものが活発に動いているのだけれど、それが現実の生活と結びつかなくて失語症的になってしまう……。

イメージの連鎖と集団の創造力――虚構と現実

大岡――シュールレアリスムの実験によって生じるマイナス面のほうに話が行ってしまいましたが、その実験によって生まれた作品は、ただ茫漠とした、主観的な、わけのわからないものかというと、そうではなく、客観性をもった美しいイメージによって現実にはありえないようなストーリーが展開するものです。もちろん、失敗作もありますが……。そのストーリーも、荒唐無稽でとりとめがないかというと、現実にありえないという意味ではそうですが、夢と同じように、それそのものの世界ではちゃんとつながりがあって、イメージのおもしろい連鎖関係ができあがっています。第三者である読者は、そこから自分の空想を刺激され、別のイメージをつくっていけるのです。

「溶ける魚」には、……黄色い長ぐつをはいた猟師が、光る鳥のようなものに案内されて、人間がだれひとり行ったことのない地点につれていかれる。どちらを見ても暗闇に入りこみ、生命の危険を感じるが、鳥はやがて、ばら色の星になる。その星は突然、口をきくのだが、猟師は星を撃ち落としてしまう。……というような異様に美しい幻想を描いた文章もあります。

こういうイメージは、だれもが夢を見るわけですから、根本的にはだれにも経験があるはずのことなのに、シュールレアリスム以前の文学作品にはあまり出てきませんでした。意識的に開発しなければ出てきにくい性質のものですから。しかし、童話のなかにはそれが散りばめられてきていたのです。グリム童話などには、子どもの話なのに、どうしてこんなに残酷なのだろうというものがありますよね。あれは、民衆のなかにひそんでいる、夢に匹敵するような、集団的な想像力がつくりだしたものだと思います。残虐ではあるけれども、同時に、人間の内面の真実を突いていて、そこがおもしろい――そういうものが、大勢の人びとによって創りあげられていったのだと思います。

日本の「お伽草子」にも残虐なイメージはたくさん出てきます。たとえば、酒呑童子に捕えられた京都のお姫さまたちが、一人ひとり食われていくさまが露骨に描かれていますが、残酷だと感じる半面、現実には起こりえないことだからと安心して読むところもあります。鬼が人を食うなんてこと自体が荒唐無稽ですから、そこさえ認めてしまえば、想像力がはばたいて、おもしろい話がどんどん展開していくのです。この話はうそだという枠組みをつくってしまったほうが、かえって想像力が働くというわけです。

こういう発見がありましたから、シュールレアリスムの運動は、文学・美術の世界ばかりでなく、民俗学や文化人類学、言語学といった学問の諸領域に広い範囲で影響を与えました。音楽の世界とシュールレアリスムのつながりは直接には見えにくいのですが、音楽そのものが抽象的な想像力の世界ですから、音楽家のもともとの仕事が無意識の世界から音を引きだすという営みであって、とりたててシュールレアリスムの方法論を意識する必要がなかったからかもしれません。それはともかく、シュールレアリスムは人間の精神活動の全分野にわたって、と言っていいくらい大きな影響を残した運動だったといえます。子どもの教育という仕事にも、いろいろな意味で示唆するところを含んでいると思いますね。

●――アメリカのシカゴ大学の付属学校で重度の情緒障害児の治療教育にあたっていた人で、ベッテルハイムという人がいます。フロイトの系譜につながる心理学者ですが、彼があるとき、たまたま子どもたちにグリム童話を語り聞かせたというのです。ところが、それまで近代の創作童話には興味を示さなかった子どもたちが、グリム童話には反応しはじめた。もちろん自閉症とか分裂病のような重い障害をもつ子どもたちのことですから、いきなり反応を示したわけではなく、くり返し、くり返し語り聞かされているうちに、ある部分、ある部分で反応を示しはじめたという。つまり、子どもたちの閉じてしまった内面世界にグリム童話がかたちを与えはじめて、それが表現となって外に表れだしたのです。いまのお話にあったような、民衆の集団的な想像力がつくりあげた残虐な場面が、功を奏したといえましょう。

子どもの内面世界の成長と残虐性の克服というのは大切な課題だと思うのですが、民衆によって伝承されてきた童話がそれに応えるのに一役買っている。ことによると、病んだ精神に対する救済効果を発揮する。グリム童話やお伽話の残酷な場面が教育的な配慮という名のもとに削られたり、書きかえられたりしていますが、そのことがかえって子どもたちを混乱させ、内面を充実させない結果につながっていると思います。子どもたちは残酷な内容の話を聞かされたからといって残酷になりはしない。むしろ教育的配慮によって無害にさせられたものばかりを与えられるときのほうが、はるかに恐ろしいのではないかという気がします。

大岡——子どもは、ああいう残酷な物語を読んだからといって、けっして残酷にはなりません。むしろ、童話やお伽話の果たす役割は、心のなかに可能性としてもっている残虐さを、ときどき、風穴をあけて出してやることだと思います。もし、残酷な話を与えると子どもは残酷になると思っている人があるとすれば、その人は、どうして自分の記憶の底へ帰っていかないのでしょうか。

どんな人でも、かならず残虐なことを考えます。生涯のあいだに一度も残虐なことを思ったことのない人がいたらお目にかかりたいくらいです。あいつを殺してやりたいとか、八つ裂きにしてやりたいとか、残酷なことをたくさん考えますが、ほとんどの人の場合、それを実際の行為にするということはありえない。たえず、ほかのことで解消しているからです。小さい子が虫をバラバラにしたりすることもその代償行為のひとつかもしれない。童話やお伽話は欲求不満の有益な解消手段であって、子どもたちの抑圧されている心をそれに託してプワァーッと消していた。だから、残酷な場面が出てくるのが当然であって、それを刈りとってしまった物語は、子どもの心にうそ寒く響くでしょうね。

子どもの創造力と残虐性——童話の構造について

●——子どもというのは、童話を与えなくとも、自分で童話をつくりだしますね。以前、心理療法にたずさわっていたときのことですが、水をまったく飲めない、三歳九か月の女の子とかかわったことがあります。ドル・プレイ（人形あそび）をしたのですが、その子は二つの人形を取りあげて、二人の母親をつくった。一方は、「おいしいあったかいおっぱいをだすママ」。もう一方は、「キリッとしたきついおっぱいをだすママ」。人形あそびをしながら、「こっちのママは魔法使いがママに化けているから、だから、おっぱいが石でできているの」と説明してくれる。そして、魔法使いのママをさんざんいじめはじめた。

　水を飲めないということは、象徴としてのおっぱいを飲めないということ、つまり、母親を拒絶したいという気持ちの表れだと思います。だましだまし果物の汁などを飲ませたりはしたのですが、夏の暑い日には脱水症状を起こしたりしました。その子が母親を拒絶するようになった理由ははっきりしませんが、赤ん坊のときにはお姫さまのように扱われながら、成長するにつれ、だんだん母親からうるさいことを言われはじめる。それで、まま子になったような淋しさを感じて、ほとんど無意識のうちに「かつてのやさしいママは死んじゃって、いまのママは魔法使いが化けているんだ」と思ったのかもしれない。自分の現実の母親を、いい母親と悪い母親の二つに分けて、悪い母親を徹底的にやっつけようとした。その気持ちを、人形あそびに託して物語的に表現しはじめたのではなかったか、と思います。

大岡――いまの話でとてもおもしろいと思ったのは、その女の子が魔法使いの悪いお母さんをいじめるということです。お伽話では、悪いお母さんがいいお母さんをいじめたり、主人公である自分をいじめたりするのですが、その子はストレートに魔法使いをやっつける。これは、遊びというよりも現実的な思いの表現といえるでしょう。お伽話や童話の世界では、魔法使いにいい人がいじめられて、なんで、こんないい人がやられてしまうのかという苦しみが生じてくる。聞き手たちはそれをはらはらしながら楽しむわけですよ。切実な人間関係をじかに表現するのではなく、想像の世界にもちこんで、その関係を逆転させ、最後に悪い魔法使いがやっつけられる。そこで、カタルシスが生まれるわけです。

まま子いじめ物語は、日本をはじめ全人類に共通してありますが、それらの基盤にあるのは、子どもに愛情をもたないまま母は悪いからこらしめるというものでしょう。物語にするときは、その日常生活の論理を逆転することでいろいろな要素を組みこめる。残虐性もそのひとつです。それらがないあわされながら、どんどんエスカレートしていって、最後にいっぺんにひっくり返って、いいほうが勝つというところに童話のおもしろさがある。抑圧された状態の子が読んだら、自分のために物語が展開され、最後にわあっと解放されるという痛快さを味わうでしょうね。

童話にもいろいろありますが、人間の奥深いところにひそむ欲望とか、人間関係の矛盾とか、そういうものを構造としてもっていないものは長持ちしません。極論すれば、深い意味で残虐性のない童話は、童話としての役割を果たさないとさえ言える。日本のお伽草子でも、長持ちしている物語には、残酷な要素がたっぷりと入っています。「一寸法師」も、もともとの話では一寸法師はずいぶん残酷なことをやっています。第一、かれ自身、修業のために京へ旅に出るのではなく、異形の者として親にも嫌われたため家出したのです。

このあいだ平凡社から、まえに出した「お伽草子」の現代語訳を新版に改めて出したのですが、そういう残酷な話やまま子いじめの話とともに、もうひとつ重要な要素としてぼくがなかに含めているのは、卑猥《ひわい》な話、下《しも》の話です。ぼくはお伽話に出てくるそういう話が好きなもんですから、どうしても入れたくて、五百ぐらいあるお伽草子のなかから、わざわざ、おならを吹くことで財産をつくったじいさんと、それをねたんだ隣のじいさんが大失敗する話を入れました。「きみも変なものが好きだねえ」と言われてしまいましたが、これは大事な要素だと思います。

いながらにして見知らぬ世界へ

大岡――もう少しシュールレアリスムについて付け加えさせてください。さきほどはその用語を使わなかったのですが、人間がもっている内面世界――理性的な判断がいっさい加わらないような、意識下の世界を描きだす方法、言いかえると、無意識に頭に浮かぶイメージをそのまま書いてしまう方法として考えだされたものが「自動記述」という方法です。

これを実行する場合には、頭のなかを駆けめぐるイメージあるいは想念の速度と同じ速度で字を書いていくということが理想であるのはもちろんですが、それは実際には不可能ですから、さきに行ってしまうイメージを必死になって追いかけて書く。そうすると、書くということのなかに理性的な判断がほとんど入ってこないで、手が自動的に動いていくようになる。その「自動記述」の定義について、アンドレ・ブルトンはその「第一宣言」のなかで、「われわれが口頭によると筆記によると、その他いかなる手段によるとを問わず、思考の現実を表現しようとする場合に用いる純粋な心的自動作用、一切の美学的倫理的配慮の外にあって、理性による一切の監視の欠如のもとに行なわれる思考の書き取り」と述べています。

この場合の思考というのは、イデオロギーといった意味ではなく、頭のなかでどんどん起きて動いていく、その想念そのもののことです。自動記述法で書かれたものの大半は、いま読んでみると、単語はちゃんとしているのですが、つながりに意味性がないから、意味を考えるととまどってしまうものが多いのです。シュールレアリスムの作品にはじめて接したフランス人のほとんどは「なんだ、これは」という反応をしたと思います。「この連中は頭が変なのではないか」という反応も多かったでしょう。それを冒してまで、あえてブルトンたちはやろうとした。

それは結局、人間というものが、日常生活では働かせていない、別の内面世界を精神の内側に奥深く営んでいるということを、彼らがはっきり自覚したからにほかならないのです。その内面世界を生かすことによって、人間は対外的にだけでなく、内外《うちそと》とも全面的に生きることができる。それこそが人間のもっとも大きな生きがいであろう、喜びであろう、とそういう考え方をしたからです。

ところが、内面世界に入っていくと、外面世界の秩序を保たせている社会的制約や倫理的制約といったものとかならずぶつかりはじめる。内面世界というのは夢の世界とほとんど同じことですから、外ではきちんとした生活を営んでいる人が、内面生活においてはまるで違うなんていうことがありうる。つまり、ジキルとハイドですね。そのハイド氏の生活をそのまま赤裸々に描こうというのだから、場合によっては風俗壊乱罪ということになりかねない。実際、発売禁止になった本もあります。

しかし、それは性的な意味だけではなく、もっと広い意味で人間の想像力を押し広げようという試みなのです。潜在する内面世界を追究することが人間を全人的に生かすことになるという考え方でこの運動は進められ、現実の社会でトラブルを起こしつつも、その理念の影響は、学問・芸術などさまざまな領域に広がっていきました。詳しいことは知りませんが、フランスでは教育の領域にもずいぶんとり入れられているだろうと思います。

二十世紀は、子どもと精神病患者と、ヨーロッパ人以外の人種の発見の世紀であるということを、だれかが言っていたのを読んだことがありますが、それは当たっていると思います。つまり、従来のヨーロッパ中心、理性中心の思考軸が一大転換を迫られ、それまではまともに注目の対象とされなかった人びと、また世界のもっている可能性、豊かで啓示的な人間性を発見しはじめた時代だということです。十九世紀まで、子どもの価値を大人はまともに考えようとはしませんでした。子どもは大人になるまえの動物にすぎないとされていた。二十世紀になると、子どもは独自の世界をもっているという考え方が学問的にもはっきり確立されてきて、児童心理学や教育学の領域で、全世界的にいい仕事が始められます。

それと同時に、フロイトなどによって、精神の病を病んでいる人びとの世界が注目されはじめ、これはわれわれの世界とけっして別ものではないということがわかってきた。そして、精神の世界の探求が重視される。美術の世界でも、精神病患者や子どもの絵を意識的に蒐集する人が出てきます。その人がすぐれた芸術家であれば、彼の作品は、そういう人の作品からたくさんのものを得ているはずです。

フランスで現代美術の大御所的存在になっているデュビュッフェという人の絵は、へたな児童画のような絵に見えるようなものでしたから、最初はひどい絵描きだと嘲笑されました。ところが、彼の描く絵の力強さは抜群で、おもしろい世界をつぎつぎ創りだしたので注目されるようになり、いまでは押しも押されもしない存在です。じつは、彼は哲学を学び、たいへんな教養の持ち主なんです。そして、精神病患者や子どもの絵の有名な蒐集家でもあって、そこからたくさんのヒントを自分の絵にもらってきたわけです。彼の蒐集は、ブルトンらのシュールレアリスムからの刺激で始められたのです。そして、自分の作品だけでなく、そういう蒐集作品の展覧会を開いたりしています。彼はそれらの作品を「生《き》の芸術」と呼んでいます。的確な呼び名だと思います。

このようにシュールレアリスムのもたらしたものが、現代の美術のなかに豊かに生かされているわけですが、美術の世界にかぎらず、いまの学問や芸術の多くが、子どもや精神病患者の精神世界との深いつながりにおいて発展したといっても過言ではないかもしれません。このような話は、日本の教育の歴史からすると、あまりにもかけ離れた話でしょうけれど、ぼくは、いまの子どもたちが置かれた状況を考えるとき、深い意味あいをもってくるように思えるのです。

子どもたちの状況を全体として考えると、子どもたちが心のなかに固い固いカラをかぶりつつあるということをどうしても感じてしまいます。放っておくと、理性の世界だけで事を処理しようとする、冷たい、残虐な子どもが大量に出現するのではないか、という無気味な予測をもたされてしまう。人間は、その内側のいちばん柔らかいところに、どういう動き方をしているかつかめないが、しかし、エネルギーの源泉になっている世界をもっています。無意識の妄動する世界とでもいいましょうか。それは意識的にはわかりませんが、とても大事な役割をしていると思います。

その世界をピシッと閉じてしまうと、外界に対してあまり反応しない子や、反応するにしても、合理的・理性的に「これはこういう原則から逸脱しているから罰せよ」というふうな、コントロール思想を強くもった子が、これから増えてくるのではないかという心配が、ぼくのなかには強くあるのです。シュールレアリスムの思想について考えてみることは、そういう点で、日本の教育とも十分に深いかかわりがあるのではないでしょうか。

想像力ということを別の言い方で表現すると、「自分がいまいる場所から別の場所へ移ること」と言ってもいいでしょう。子どものための物語や昔話、伝承されてきたことば遊びといったものは、子どもたちをいながらにして遠くの場所へ連れていったのです。日常世界の価値観とは正反対の世界を案内して、最後には「これはウソだよ」と逆転する。そういう作用がたえず与えられていないと、ものの考え方や感受性が固定してしまう。人間はそういう性質をもっていると思います。ある場所にいながら同時に別の場所に存在できるためには、心の自由がなければならない。心のなかでたえず別の場所に生きている可能性をもっているのが人間なんです。

ぼくらの子ども時代には、そういうお話や遊びがいっぱいありましたから、学校でわざわざ取りあげる必要もなかった。逆に、同じことを学校でもう一度なぞらされたらゲップが出るほどでした。しかし、親になってみると、いまの子どもたちは逆にかたよった育てられ方をして、それはぼくにとって怖いことなのです。日常の徳目とは逆転しているような荒唐無稽の話が果たす役割は大きくなっています。子どもたちをいながらにして、見知らぬ世界の旅に誘いだすような試みが、いまの教育には強く求められているのではないでしょうか。

おわりに

いやはや、たいへんなことになっちゃったなァ。そう思いながら本郷郵便局のわきを重い心で太郎次郎社めざして曲がったことも何度かあります。もうこれ以上、話すことなんか何もありゃしませんよ。ぼくは空っぽになってしまいましたぜ。そう思いながら本郷郵便局前の大通りを空っぽの心で東大の側へ渡ったことも何度かあります。

いやはや、それがなんと、こんなに長く続いて、とにかく一冊の本にまとまるほどの分量にまで達したということは、信じられない。しかし、これはほんとのことなんだ。だとすれば、これができあがったのは、ぼく一人の力によるものでなんかありゃしない。毎回じつに熱心にぼくの話を聞いてくれて、適切な問いを発し、興味ぶかい体験的教育論を聞かせながら、ぼくを遮二無二《しゃにむに》まえへむかっておし進めつづけてくれた伊東信夫、鈴木清隆、矢吹省司の三氏と、太郎次郎社の浅川満、渡部稲造両氏がいなければ、この本はけっして誕生するはずのなかったものである。つまりぼくは、この本のなかのいくつもの場所でそう力説しているところの、ことばが本質的に社会的存在であり、関係において生きもし、死にもするきわめて敏感な生きものなのだという考えを、自分自身のこの連続対話の成り立ちそのものによって、はっきり実証したことになる——。

というふうに、いま私は思ってます。

この本のなかでもときどきその話題が出てくるのですが、私は数年前、『にほんご』(福音館書店)という小学校一年生のための国語教科書試案の共同制作に参加しました。小さな子どもの教育に直接かかわるような仕事をしたのは、あとにも先にもそれがたった一度の経験。もちろん、私には息子と娘が一人ずついますので、子どもの教育に無関係だなどとはけっして言えませんが、そこはそれ、よそでは立派な教育者で通っているような人が、ご自分の家のなかでは、さあ、どうかしら、あれで立派な教育者だなんて、ほんとにいえるのぉ、といったぐあいのチグハグ矛盾した生き方をしている場合も結構あるのですし、私自身については、もう何の誇るべき家庭教育の実績もありはしないのですから、とうていえらそうな口はきけないわけで、いままでその方面に関係があるような仕事には、ノー・タッチ、ノー・タッチできたのも当然だったのです。

ただし、人間にはそれぞれ個体として経過してきた歴史があります。私には私の個人的な歴史が、これはいやおうなしにあります。その「いやおうなしに歴史そのものである私自身」として世の中を見ていると、これはまた、なんとも居心地の悪い、と感じることも多々あります。電車やバスに乗っているだけでも、チカゴロノハハオヤッテノハ、コリャナンダといったたぐいの、「私的公憤」にかられるようなできごとに出会うことはよくあるわけだし、そこでそう感じる理由・根拠をつらつら考えてみれば、私自身の限られた個人的歴史の経験則からそのような善悪・是非・快不快の判断が出ていることは明らかで、してみれば私のほうにも絶対に正しいという原理原則があるわけではないと、しぶしぶながら反省させられるわけです。

そんなことをくり返しくり返し重ねながら、時の経過のなかで、自分自身と現代社会とのあいだに何らかの折り合いをつける道をたえず探し求めてゆく――それがまあ、多くの大人たちの生活（もちろん精神的人間としての生活）の実態だろうと思いますし、私自身がまさしくそうであります。

この本は、そのような生活者として生き、同時に、どういうわけか少年時代以来ずっと、ものを書くことが好きで書きつづけてきた人間が、ひとの問いに答えるという形式のなかでさまざま思いつくことを、みずからの体験にそのつどすばやく反響させて手ざわりを確かめながら、ともかくえんえんと話したことを内容としています。話題の中心がいつも「ことば」であり「日本語」であったのは、もともと雑誌『ひと』編集部の意向がそこにあったからであるのはもちろんですが、同時に、この私という人間が、要するにこの主題についてなら、むかしから手さぐりでずっと考えつづけてきたことについて、多少は話す能力も、またたぶん資格も、あるという私自身の思いこみからもきていました。そして不思議なことに、私は毎回、もう話すことなどありゃしないと思いつつ、ほんとうにクタクタのボロみたいになって車に揺られて帰宅するにもかかわらず、雑誌『ひと』に発表されたその回ごとの自分の話を読むたびに、ともかくまだ何か話題がありそうな気がするなァ、と思うのでした。

このことは、この本を読んでくださる読者——一人でも多くの人に読んでもらいたいと、いまはもう心からそう思っているのですが——に対して、私が申しあげることのできるほとんど唯一の自画自讃であります。

義務教育段階にせよ、高校教育段階にせよ、教育の世界にはいろいろ神聖な、あるいは神聖というに近いことばがあるのを感じています。そのひとつは、「現場では」ということばです。

「あなたのおっしゃることは、なるほどごもっともですよ。私も心からそう思います。しかしこれは、ゲンバではねえ、なかなか通用しないんじゃないかと思いますよ」

こういうことばは、ゲンバにいない人間をついひるませるに十分な威力、重々しさ、厳粛な苦悩を感じさせるもので、そこでたいていの人が、子どもの教育について意見をいうなんて、自分のガラではないのだ、と思って遠慮してしまうことになります。しかし、教育ということばは、原義からすればオシエ・ソダテルことであるわけで、その「現場」たるや、学校の先生と生徒の形づくる場に限られるわけでは毛頭ありません。なんといったって、第一の「現場」は、母親の胎内に宿った瞬間から始まる父母と子の関係にあり、生まれでた瞬間から始まる「家族の一員」としての彼あるいは彼女の、主体・客体すべてを包みこむ家庭環境にあるわけで、そこから始まった「教育現場」を、いわば集中的に社会化するための理想的な場として、学校教育というものがあるはずだろうと、五十を過ぎた男としては考えるわけです。

この本で話している、ことばをめぐる諸問題は、その意味ですべて、「現場」の問題そのものなのだと、あえて自負して申しあげたいと思います。――だんだん威張ってくるようで、おかしいですね。

本の題名は太郎次郎社が考えてくれました。ことばの「使い手」というのをハウトゥー式の技術論風に受けとられると困るなあと私が言い、太郎さんも次郎さんも同じことを心配しておられるのですが、いろいろ並べてみると、やっぱりこの題がいちばん現実感があるのです。それゆえこの題に決めました。まあ、ちょっとでも読んでくだされば、技術論を含みながらもそれだけではない本であることは、すぐにおわかりいただけるでしょう。

もう一度、この本ができあがるまでに機縁をつくってくださったかたがた、また連載中、見守ってくださっていたかたがたにお礼を申しあげます。

一九八四年六月

大岡　信

＊――本書は、一九八四年初版本に著者自身による新版序文を加え、新装版として再刊されたものである。註などに若干の加筆・修正を行なったが、語られている内容については、各国の事情をふくめ、とくに改訂は行なわず、当時のままとした。

日本語の豊かな使い手になるために
読む、書く、話す、聞く

二〇〇二年七月二十日新版第一刷発行
二〇一八年四月二十日新版第三刷発行

著者……大岡 信
デザイン……箕浦 卓 協力：日毛直美
発行所……株式会社太郎次郎社エディタス
東京都文京区本郷三-四-三-八階 電話〇三-三八一五-〇六〇五
出版案内ホームページ http://www.tarojiro.co.jp/
eメール tarojiro@tarojiro.co.jp
印刷・製本……モリモト印刷株式会社
定価……カバーに表示してあります。
ISBN978-4-8118-0667-9 C0081

大岡 信…おおおか・まこと
詩人。一九三一年、静岡県三島市に生まれる。東京大学文学部卒業。
詩集に『記憶と現在』『悲歌と祝禱』『春 少女に』『水府』『詩とはなにか』『ぬばたまの夜、天の掃除機せまつてくる』『故郷の水へのメッセージ』『地上楽園の午後』『火の遺言』『捧げるうた50篇』『世紀の変り目にしやがみこんで』など。
著書に『折々のうた』（正、続、第三～第十、新1～新6）、『詩への架橋』『抽象絵画への招待』『連詩の愉しみ』『現代詩試論』『紀貫之』『彩耳記』『岡倉天心』『うたげと孤心』『表現における近代』『万葉集』『ヨーロッパで連詩を巻く』『窪田空穂論』『詩人・菅原道真』『詩をよむ鍵』『一九〇〇年前夜後朝譚』『正岡子規―五つの入り口』『日本の詩歌その骨組みと素肌』『ことのは草』『ことばが映す人生』『私の万葉集』（全五冊）、『大岡信著作集』（全十五巻）、『日本の古典詩歌』（全六巻）など。